幕末維新の謎がすべてわかる本

武田鏡村
Takeda Kyoson

KKロングセラーズ

はじめに

勝った者が歴史を語る。幕末維新の歴史も勝利した人々によってつくられてきたが、それは一方的な歴史である。

幕末維新は、「尊王攘夷《そんのうじょうい》」という大義だけで動いたのではない。そこには登場する人物と時代の動きが錯綜《さくそう》しながら、複雑に絡《から》み合い、それが起爆剤となっている。決して一直線で歴史が動いたわけではない。

幕末維新の起爆剤は、実は勝海舟《かつかいしゅう》をはじめとする幕臣たちによって作用されている。そこには土佐《とさ》の坂本龍馬《りょうま》の働きもある。決して薩摩《さつま》や長州《ちょうしゅう》の志士によってだけで起こされていたわけではない。

もちろん十五代将軍となる徳川慶喜《よしのぶ》と幕閣《ばっかく》による幕府内部からの自壊《じかい》作用も働いている。幕末維新が決して一直線ではなかったことは、たとえば長州の吉田松陰《しょういん》などは、はじめは極めて開明的な考え方の持ち主であった。アメリカへの密航を企てたのは、その一例である。

吉田松陰は、日本が進むべき道、生きる道を追求するなかで、優秀な人材の育成と倒幕こそが、その道であると考え実行した。彼の門弟たちは、「尊王攘夷」を倒幕の大義に利用したに過ぎないのである。勝海舟も吉田松陰と同じで、国内と国際情勢のなかで日本が取るべき道を模索して実行している。

このように幕末維新の動きは、きわめてネジれたもので、その結果、複雑な現象を起こしていて分かりにくい。これを分かりやすくするために、闇に葬《ほうむ》り去られた幕末の動きを追って、さまざまな角度から構成したのが本書である。

「幕末維新の真相は、本当はそうだったのか」

「時代は、こうやって動くのか」

という感想を持っていただければ幸いである。それは現在の国内や世界の動きを見るときの参考にもなるであろう。

著者

目次

幕末維新の謎がすべてわかる本

目次

一章　幕末風雲・開国前夜

幕閣は黒船来航をあらかじめ知っていた！

二章 血涙の雨・安政の大獄

水戸藩と朝廷が組んで反逆を企てている！

三章　魔の攘夷・一橋慶喜の登場

朝廷が幕府の人事に介入する前代未聞！

四章 薩長明暗・討幕の戦雲高まる

孝明天皇は幕府と松平容保を信頼していた！

五章 慶喜翻身・維新の舞台ウラ

〝ええじゃないか〟の狂乱は薩長の謀略か！

幕末維新の謎ファイル

一章

幕末風雲・開国前夜

幕閣は黒船来航をあらかじめ知っていた！

◆お蔭参《かげまい》りの狂乱、「菊は咲き、葵《あおい》は枯れる」

徳川幕府が崩壊する三十六年前、まったく奇妙な現象が、関西を中心にして発生した。それは、ある日をさかいにして、数えきれないほどの大群集が、伊勢《いせ》（三重）にある伊勢神宮★1をめざして動きだしたのである。〝お蔭参《かげまい》り〟〝抜《ぬ》け参り〟といわれるもの。

文政十三年（一八三〇）三月、四国の阿波《あわ》（徳島）でそれは始まった。空中から伊勢神宮の御札《おふだ》が降ってきたというウワサがきっかけである。

大人はもちろん子供までが突然、家を飛びだし、仕事を放り出して、伊勢に向かった。彼らは親や主人の許しをえずに、無一文でひたすら伊勢を目ざす。

途中の旅費は、道すじにあたる裕福な家が出した。もし、これを拒《こば》めば、家ごと打ち毀《こわ》しにされる。

続々と伊勢に向かう群集の熱気は、やがて大坂や奈良、京都にも伝染。米をといでいた娘が、そのままフイに出かけることも、用事の途中の丁稚《でっち》が熱気に浮かれて、一緒に伊勢に向かうこともあった。

この年のお蔭参りは、なんと四〇〇万人。このころの日本の人口は、およそ三〇〇〇万人であったというから、じつに国民の十五パーセントが伊勢に向かったことになる。

この大群集は、さらに不思議な副産物を生みだした。踊りである。三十人、五十人と群れをつくって踊り、そこに三味線や太鼓まで加わって、踊り狂う。これがのちに薩摩《さつま》や長州《ちょうしゅう》が討幕のために引きおこした〝ええじゃないか〟の狂喜乱舞に発展していく。

この空前絶後の大移動と乱舞は、封建体制の中で、日常まできびしく統制されていた人々が、その生活を打ち破ろうとするものであった。

このころ外国船がしきりに日本沿岸に出没していたことも、民衆の不安をかき立てていた。こうした不安や不自由な思いを忘れるために、熱狂的なお蔭参りが発生したのである。

民衆は、世の中の変化に不安をもちながらも、社会に何らかの変化を求めていた。

この奇妙な年がすぎると、奇妙な歌が江戸で流行した。

「菊は咲くさく、葵《あおい》は枯れる。西で轡《くつわ》の音がする」

菊は天皇家、葵は徳川家の家紋であることから、徳川幕府の将来を予言するような不吉なものである。

「天皇がいよいよ栄え、徳川家はやがて滅び去る。西のほうから軍馬の轡の音がしている」

★1　伊勢神宮は、皇室の氏神であるが、天皇で参拝したのは、明治2年の明治天皇が史上はじめてのこと。江戸期は民衆の信仰を集め、弥次・喜多の『東海道中膝栗毛《ひざくりげ》』にも登場。

明らかに「尊王倒幕」をよんだ歌である。

伊勢神宮は皇室の氏神となる神社である。そこに四〇〇万人の大群集が参拝したことは、天皇を中心とした政治体制を国民の多くが求めている。そう思って作られた歌のようである。

明治維新の三十数年前、すでに何かが動きだしていた――。

幕末維新の謎ファイル①

天皇・伊勢神宮と徳川の関係とは

古代から皇室の氏神となっていたのが、伊勢神宮である。天皇が日本の国を創り、治めるという考えは根強くあり、伊勢神宮は神力で日本を守っているとされた。

　そのため天皇による政治こそが、日本本来のあり方で、徳川将軍はそれを踏みにじっている、と考える人々がいた。水《み》戸《と》黄門《こうもん》でおなじみの水戸（徳川）光圀《みつくに》をはじめとする水戸学派もそうである。水戸藩は徳川御三家《ごさんけ》でありながら、将軍よりも天皇がエライと考える風潮が強い。水戸は徳川の異端児であったが、その出身である徳川（一橋）慶喜《よしのぶ》が将軍になったことは、まことに幕府の運命を暗示するものがあった。

　このほかに尊王家といわれる山県大弐《やまがただいに》、竹内式部《たけのうちしきぶ》、高山彦九郎、蒲生君平《がもうくんぺい》らがいたが、彼らは幕府によって弾圧されていた。ただ水戸藩だけは御三家であることから、弾圧をまぬがれていた。

◆日本を守る砲術が開国の気運を育てた

江戸末期の社会不安の大きな原因の一つが、数多くの外国船がやってきたことである。鎖国して百数十年の日本にとって、唯一の交易国はオランダであったが、南下政策をとるロシアをはじめ、イギリス、アメリカなどの船が次々と日本沿岸に出現するようになった。

これには幕府をはじめ諸藩や民衆までが動揺し、不安におちいった。そのために出されたのが、

「異国船の沿岸接近にさいしては、二念《にねん》なく（無条件に）打ち払うべし（無二念打払令《むにねんうちはらいれい》）」

という砲撃命令である。外国嫌いで、国粋《こくすい》思想の水戸藩主の徳川斉昭《なりあき》などは、領内の沿岸に砲台を築いて砲撃態勢に入った。とはいえ長い太平の世に必要がなかったのが、大砲である。その威力は欧米の大砲に比べると、はるかに劣っていた。

徳川斉昭は仏教も外国から入ったものとみて毛嫌いして、寺院の鐘を供出させ、それで大砲を造ったが、その火力は異国船に蚊《か》がさすくらいの効果しかなかったようだ。

天保八年（一八三七）六月、アメリカ商船のモリソン号が突然、江戸湾入口の浦賀《うらが》に姿

を現した。ペリー艦隊の〝黒船〟が浦賀にやってくる十七年前のこと。

このとき浦賀奉行の太田運八郎は、すぐに砲撃を加え、「日本に近づくことは許さん」という強硬な姿勢をみせた。そのうちの一発が命中したようだが、ケガ人はなく、船も沈むことはなかった。

大砲の威力よりも、砲撃で退去していったことに、老中水野忠邦《ただくに》ら幕閣は大いに自信をもった。

だが幕府の砲撃命令に批判的な人々がいた。蘭学《らんがく》といわれたオランダ学からヨーロッパ文化を研究していた渡辺崋山《わたなべかざん》、高野長英《たかのちょうえい》、小関三英《おぜきさんえい》らである。★2 彼らは、軍事力のすぐれた欧米の船を攻撃すれば、必ず報復され、逆に日本が支配されることになると非難した。

これを聞きつけた目付《めつけ》の鳥居耀蔵《とりいようぞう》は、彼らを逮捕し、自決に追いこむ。「蛮社《ばんしゃ》の獄《ごく》」といわれる開明的な知識人への弾圧である。

もう一人、技術面から幕府のやり方を心配する人物がいた。砲術者の高島秋帆《たかしましゅうはん》である。彼は、中国の清王朝がイギリスに敗れたのは大砲や軍艦の差であるとし、日本は洋式の砲術を早く導入すべきだと説いた。

高島は江戸の徳丸ヶ原《とくまるがはら》（現・高島平）で、「高島流」といわれる西洋火器を披露し、軍

★2　渡辺崋山は三河田原藩の家老。高野長英は岩手出身の、小関三英は山形出身の蘭方医。開明グループの尚歯会《しょうし》（蛮社）を結成。崋山と三英は自決し、長英は脱獄逃亡後に自決。

事技術面から頑迷な幕府要人を開明派へと導いた。

高島秋帆の門下には、江川英龍《えがわひでたつ》・佐久間象山《さくましょうざん》・川路聖謨《かわじとしあきら》らが育ち、幕臣たちの中に鎖国攘夷から開国への意識を育てていく。

だが高島もまた、外国嫌いの鳥居耀蔵によって失脚、入獄させられるという悲運をあじわうことになる。

幕末維新の謎ファイル②

〝妖怪〟と呼ばれた幕臣の暗躍

水野忠邦の「天保の改革」を助けたのが、目付・江戸南町奉行・勘定《かんじょう》奉行を歴任した鳥居耀蔵《とりいようぞう》（忠耀）である。

鳥居は〝妖怪〟といわれて恐れられた。彼はデッチあげや謀略で、気に入らない人物を失脚や死に追いやったからである。妖怪の名はじつは、彼の名前からつけられていたのだ。

南町奉行のとき、鳥居は、「甲斐守《かいのかみ》」に任じられた。彼の他にも「甲斐守」を名のる者がいたため「耀蔵の甲斐守」といわれ、それが詰まって〝耀甲斐《ようかい》〟〝妖怪〟と呼ばれたのである。

鳥居は幕府儒官の林家の出身であったため、徹底して外国文化を嫌い、弾圧した。その点では水戸藩の徳川斉昭と同じ考えであったが、のちに失脚。二十三年間も四国丸亀藩に幽閉され、明治になって釈放された。その死まで攘夷の正しさを信じていた。

◆徳川をつぶすと見られていた水戸家

「徳川御三家のうちの水戸家が、徳川幕府をつぶした！」

明治になって旧幕臣たちから、こう非難されたのが、水戸徳川家[★3]である。最後の将軍となる慶喜《よしのぶ》が水戸家の出身であったから、こうした非難がおこったのは当然のことである。

「水戸は徳川家にとって、獅子身中《しししんちゅう》の虫だ」

という考えは、かなり以前からあった。

「獅子身中の虫」とは、勇猛なライオンの体に寄生して、その血を吸って生きている虫が、ライオンの体を内側から蝕《むし》ばんで、死においやり、自分も死んでしまうという意味だ。

水戸家は尾張、紀州と並ぶ徳川家康直系の家柄である。徳川家を支える大切な家でありながら、徳川を蝕ばむと見られていたのだ。それは主に、水戸藩二代の徳川光圀《みつくに》が原因をつくった。光圀はテレビでおなじみの水戸黄門である。

光圀は日本の歴史の『大日本史』をまとめさせたが、その過程で「天皇こそが日本の政治の主《ぬし》である」という考えをもった。

「徳川将軍は政治を委任されているだけで、天皇中心の政治こそが本来の日本の姿だ」という尊王思想を立てた。いわゆる〝水戸学〟というものだ。

光圀は家康の孫でありながら、徳川体制に根本的な批判の目を向けたわけである。この考えは水戸から将軍が生まれないこともあって、水戸藩ではいよいよ強いものとなる。天皇を尊敬し、神国日本を考える水戸学は、純粋な日本のあり方を追究。そのため鎖国は当然のことで、外国人が日本にきて交易することなどは、国をよごすことになると生理的なまでに反発した。

慶喜の父で水戸藩主の徳川斉昭《なりあき》も、そうした家風にどっぷりつかった人であった。そのため外国との交易などは、もちろんダメで、外国船を見たら打ち払え、という過激な攘夷論者であった。

斉昭が九代藩主となったとき、水戸藩は貧しく財政の立て直しが必要であった。斉昭は藤田東湖《ふじたとうこ》、会沢正志斎《あいざわせいしさい》らに改革を命じた。そこでは文武を奨励し、富国強兵をするにはまず倹約せよ、という強力な精神論が説かれた。

かんじんの財政再建は、水戸藩内での特産品が、製紙やコンニャクのほかになかったこともあって、あまり成果はみられない。

★3　徳川家康の11子頼房《よりふさ》が初代で35万石。二代光圀のとき皇室尊崇の水戸学を立てる。桜田門外の変・坂下門外の変・天狗党の乱をおこすが、御三家のために討幕論は希薄。

だが、その強烈な精神論と、それを支えた尊王攘夷の思想だけは、幕府や諸藩に大きく影響していったのである。

のちに開国にかたむく幕府を非難し、井伊直弼《いいなおすけ》ら幕閣の暗殺をくわだてるようになる過激派の多くは水戸藩出身である。

水戸家は徳川幕府にとって、まさに獅子身中の虫で、その強烈な尊王攘夷思想が、幕末をいっそう混乱させる原因となっていく。

徳川斉昭・慶喜父子は、その中心人物であった。

◆老中になりたかった水野忠邦の失脚

幕府の老中《ろうじゅう》になりたいために、条件の悪い領地替《が》えを申し出た人物がいた。老中は今でいう内閣のことで、その首席に座る人は内閣総理大臣である。

この前代未聞のことをやって老中になったのが、〝天保の改革〟を断行する水野忠邦《みずのただくに》である。水野は肥前唐津《ひぜんからつ》六万石（実収はその三倍）の藩主であった。唐津藩は長崎を警護する重大な役目があったため、幕府の要職にはつけない。

そこで同じ六万石であるが、実収入からみれば三分の一に減る遠州浜松藩《えんしゅうはままつ》への所替えを願い出た。こうして身をけずって、老中になれたのが、四十一歳。将軍が家斉《いえなり》から家慶《いえよし》に移ると水野体制が固まった。水野はさっそく質素倹約を旨とする改革を打ち出した。

「農民は年貢を納め、商人は傲《おご》りをつつしみ、武士は武道に励む」

これが改革のモットーである。全国的な風水害で飢饉は慢性化し、一揆《いっき》や打ちこわしが各地でおこっていた。天保八年には、大塩平八郎《おおしおへいはちろう》★4が大坂で幕府非難の兵をあげている。一方、江戸や大坂の都市では、生活がゼイタクになっている。しかも幕府の財政は大ピンチ。

これを立て直すには、強力な統制しかない。水野は改革を断行した。その手先となったのが、鳥居耀蔵《ようぞう》。次々に出されるゼイタク禁止令に、江戸の人々はうんざりした。

「町奉行、吟味《ぎんみ》はへたで鳥居《とりえ》なし、目付出された甲斐《かい》やなかるらん」

耀甲斐《ようかい》（妖怪）こと鳥居耀蔵の悪名は高まる。だが水野は自信満々で、自分が人以上に頭がいいと思っていた。ほかの幕閣など眼中になく、次々と改革の政策を打ち出していく。

水野に眼をかけられた一人に、のちに開国に尽力する川路聖謨《かわじとしあきら》がいた。川路は水野について、「剛腹《ごうふく》の癖《くせ》はあるが、世間でいうほど悪い人ではなかった」と評している。

水野はきわめて聡明であるが負けん気が強く、意地っぱりであった。老中の自分が命令を下せば、幕臣はもちろん、諸大名や国民すべてが、それに従うと信じていた。

外国船の来航にそなえるために、江戸と大坂の防衛が急務である。そこで水野は江戸、大坂十里四方の私領、すなわち大名や旗本の領地を幕府領にするという〝上知《あげち》（地）令《れい》〟を出した。

幕府領にすれば警備体制がとりやすいと考えたのだ。だが、領地に固執する大名らの猛反発をうけた。これが水野忠邦の命とりとなり、失脚する。代わって老中に登場したのが、二十五歳の阿部正弘《あべまさひろ》である。

★4　大坂町奉行所の与力で、儒学者。私塾の洗心洞で子弟を育成。天保の飢饉の際、窮民の救済のために門下生らと挙兵するが、一日で鎮圧。元幕臣の挙兵は大きな波紋をよぶ。

◆二十七歳の総理大臣、阿部正弘という人物

「水野忠邦はよく怒る人であったが、阿部正弘はおだやかな人格者だった。その性格は茫洋としてつかみ所がなく、まるでヒョウタンでナマズを捕えるような人物だった」

水戸藩主の徳川斉昭が評した老中、阿部正弘の人物像である。二十五歳という若さで、老中になった阿部は、「鎖国か開国か」で大きく揺れる多難な時局に登場した。

備前福山《びぜんふくやま》十万石の藩主で、聡明の聞えが高く、二十七歳で老中首座、今でいう総理大臣におされた。彼はつかみ所のない人物と評されたが、その政治手腕はきわめて手固く、しかも若いだけあって柔軟で開明的であった。

それまで日本が唯一、通商しているオランダの国王から、「アヘン戦争で清国《しんこく》（中国）がイギリスに敗れた。次に日本が狙われるだろう。すみやかに開国政策に改めるように」という国書が届けられた。弘化《こうか》元年（一八四四）七月のこと。

このとき「鎖国は国法であるから」と拒否したが、すでに鎖国政策は世界の大勢になじまず、いたずらにこれを守れば清国と同じように外国の挑発をうけ、植民地的な支配をう

けかねない。

まして外国船を打ち払えば、どんな言いがかりをつけられて、戦争になるかもしれない。すでにアヘン戦争の原因と結果を知る幕閣は、打ち払い令をゆるめ、外国船に食糧や薪《まき》・水の補給を認めていた。

開国は拒否したものの、清国の二の舞いにならないためにも、海岸の防衛対策は急務である。そこで阿部は〝海防掛《かいぼうがかり》〟を新設。みずからそれを主宰し、老中牧野忠雅《まきのただまさ》、若年寄大《おお》岡忠固《おかただかた》、同本多忠徳《ほんだただのり》以下、大目付・目付・勘定奉行の中から優れた人材を選び、外交と国防にあたらせた。

こうした人材の登用は阿部正弘に先見力があったことを示す。やがてペリーがやってくると、軍事、外交、洋学に知識のある人々を積極的にとりたてた。開国派の川路聖謨、岩《いわ》瀬忠震《せただなり》、大久保忠寛《おおくぼただひろ》（一翁《いちおう》）、永井尚志《ながいなおゆき》、さらに江川英龍や小普請《こぶしん》組四十俵という旗本の勝麟太郎《かつりんたろう》（海舟《かいしゅう》）などである。

しかも諸藩の有能な人材を幕臣にとりたてたのも、阿部の英断による。土佐（高知）の漂流漁民でアメリカ生活を経験した中浜《なかはま》（ジョン）万次郎《まんじろう》★5が幕府の普請役格に登用されたのも、開明的な人材こそが幕府の支えとなるという阿部の考えがあったからだ。

★5　中浜万次郎は土佐の漁師で、15歳で遭難、アメリカ船に救助される。25歳で帰国し、土佐藩から幕府に仕え、翻訳・軍艦操練所の教授をつとめ、遣米使節団にも同行する。

その一方、阿部は強硬な攘夷論者の徳川斉昭と、その子で水戸藩主の慶篤《よしあつ》（慶喜の兄）を海防問題の参与《さんよ》として幕府会議に参加させる。

開国派と鎖国攘夷派を幕府に入れることで、バランスを保とうとしたのである。

このあたりが阿部が〝ヒョウタンなまず〟といわれるつかみ所のなさである。

しかし阿部の気持ちは

「開国して諸外国と通商することが日本の生きる道で、それが幕府を守ることだ」

という方向にかたむいていく。

幕末維新の謎ファイル③

アヘン戦争とアメリカの太平洋進出

イギリスは大量のアヘン（麻薬）を中国に密輸して、清王朝の経済を低滞させ、中毒患者を激増させた。これに怒った清王朝は広東《カントン》でイギリス商人がもつアヘンを没収、焼却した。

これに対しイギリスは武力で清王朝を破り、香港《ホンコン》を割譲させるなどの南京条約を強要、中国植民地化の道を開いた。

この事件は幕府や知識人たちに大きなショックと教訓を与えた。

一方、アメリカはイギリスに遅れてはならじと太平洋・東アジアへの進出をはかった。

とくに鯨の油が灯油として必要であったため、その捕鯨船の寄港地として日本が注目され、ペリーによる武力行使をチラつかせる強引な開国要求を展開するようになる。

◆佐幕派の孝明天皇と尊王派の水戸藩のネジレ現象

老中の阿部正弘は、若い有能な人材を登用する一方で、幕府内の保守派にも接近した。ウルトラ保守派の代表は、やはり水戸の徳川斉昭である。阿部正弘はこの頑固な攘夷論者を手なづけるために、彼の七男の七郎麿《しちろうまろ》を一橋《ひとつばし》家の養子に入れる口ぞえをする。

一橋家は、八代将軍の吉宗《よしむね》がたてた御三卿《ごさんきょう》といわれた田安《たやす》、一橋、清水《しみず》の三家の一つである。つまり将軍になれる可能性のある家柄であった。

事実、十一代の家斉《いえなり》はこの一橋家の出で、その血は十二代家慶《いえよし》、十三代家定《いえさだ》までつづく。現将軍は十二代家慶であるから、一橋家は家柄としては将軍にいちばん近い。

七郎麿は元服して、名を一橋慶喜と改める。弘化四年（一八四七）十二月、十一歳のときである。

阿部正弘は斉昭をとりこむことで、越前《えちぜん》（福井）の松平慶永《よしなが》、薩摩《さつま》（鹿児島）の島津斉彬《なりあきら》、宇和島《うわじま》（愛媛）の伊達宗城《だてむねなり》、土佐《とさ》（高知）の山内豊信《やまのうちとよしげ》ら保守派の支持をえようとしたのである。

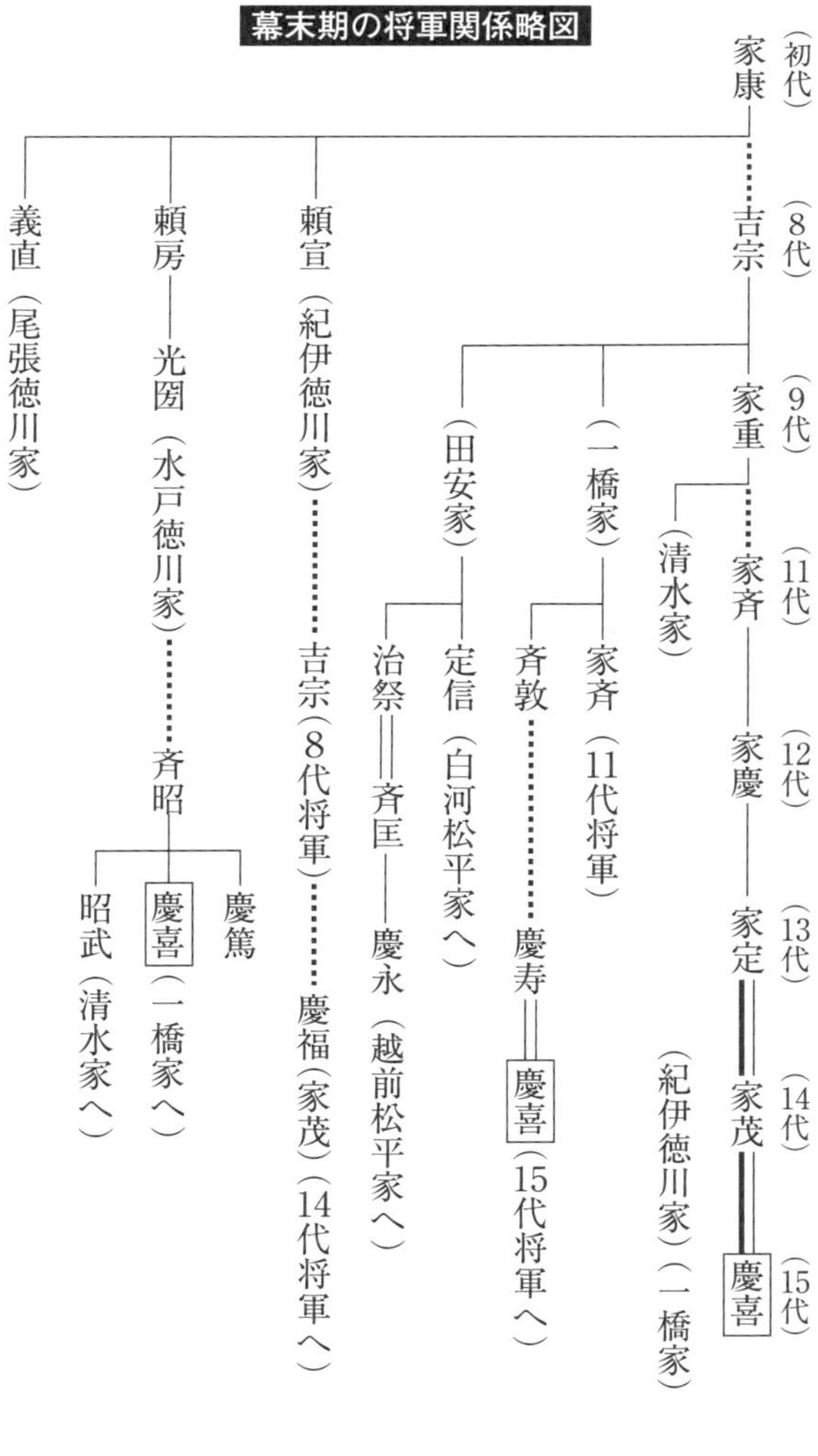
幕末期の将軍関係略図
家康（初代）
吉宗（8代）
家重（9代）
家斉（11代）
家慶（12代）
家定（13代）
家茂（14代）
慶喜（15代）
（紀伊徳川家）（一橋家）
（清水家）
（一橋家）
家斉（11代将軍）
斉敦
慶寿
慶喜（15代将軍へ）
（田安家）
定信（白河松平家へ）
治祭
斉匡
慶永（越前松平家へ）
頼宣（紀伊徳川家）
吉宗（8代将軍）
慶福（家茂）（14代将軍へ）
頼房
光圀（水戸徳川家）
斉昭
慶篤
慶喜（一橋家へ）
昭武（清水家へ）
義直（尾張徳川家）

一橋慶喜が誕生した同じ年の九月、孝明《こうめい》天皇★6が十六歳で即位していた。慶喜とは五歳ちがいである。孝明天皇は、十九年後の慶応二年に急死（毒殺との噂がある）するまで、一貫して将軍に対して好意をもっていた。

しかし、根っからの外国嫌いで、外国人や異文化が日本に入ってくれば、必ず禍《わざわ》いがおきると固く信じて疑わなかった人である。

そのため孝明天皇は、父の仁孝《にんこう》天皇が没すると七社七寺に対して外国船がこないように祈祷《きとう》させる一方、幕府に対して「海防を厳重にせよ」という勅《ちょく》を下す。孝明天皇がこうした外国排除を願ったのは、鎌倉時代の二度の元寇《げんこう》いらいのこと。孝明天皇は、外国人は魔物であると真剣に信じ、亡くなるまで恐れていた。

天皇のこうした個性的な思いから出された勅は、やがて攘夷論者にとっては大きな支えとなり、天皇と朝廷の存在がしだいに強まっていく。だが孝明天皇の考えは、あくまでも将軍や幕府を信頼するが、外国勢力は排除するという〝佐幕《さばく》攘夷〟の立場であった。

徳川御三家の水戸家は〝尊王攘夷〟を唱えるようになるが、天皇自身は〝佐幕攘夷〟である。攘夷では同じであるが、尊王か佐幕かで、本家本元がまったく逆の立場に立っていたのだ。この辺のネジレ現象が、幕末の混乱をいっそう深める原因になった。

★6　仁孝天皇の四皇子、母は新待賢門院雅子《なおこ》。典侍の中山慶子《よしこ》との間に明治天皇をもうける。「開港はこれを許容すべからず。洋夷《ようい》もし強要せば、干戈《かんか》また敢《あ》えて辞せず」が持論。

◆ペリーの来日を一年前に知っていた!?

嘉永《かえい》六年（一八五三）六月三日の夕方のこと。浦賀沖に突如、それまで見たこともない巨大な黒い軍艦四隻が姿を現した。ペリー司令長官★7が率いるアメリカ東インド艦隊である。異国船の出現には慣れていたとはいえ、真っ黒い煙を吐きあげ、風をものともせずに快速で進む〝黒船〟の姿は、見る者の度肝《どぎも》を抜いた。

黒船の進路をふさごうと、日本の船が近づいても追いつけない。むしろ迅速にして自在に動く大船に、木の葉のように翻弄されるばかりであった。黒船は六日には、江戸湾内の小柴浦まで進出。数十門の大砲を陸地に向けながら、我がもの顔で動いた。

浦賀奉行の戸田氏栄《うじよし》は、江戸にいる同僚の井戸弘道《ひろみち》に急報。ただちに老中阿部正弘ら幕閣に注進した。

一方、奉行与力の中島三郎助と通訳の堀達之助は、退去するようにと黒船に乗り込んだが、ペリーはアメリカ大統領フィルモアの国書を日本国王に渡したいと主張。国書を渡すまでは退去しないと、強い態度でのぞんできた。

すでに阿部以下の幕閣には、一年前オランダ商館長を通じて、黒船来航が伝えられていた。だが幕府は特別な対策は立てていない。

ただ阿部は島津斉彬《なりあきら》にこの日のあることを伝え、島津は水戸の徳川斉昭、尾張の徳川慶勝、宇和島の伊達宗城、越前福井の松平慶永ら有力大名に伝えていた。

彼らはいちおうに鎖国という祖法を守るだけではすまない事態に、日本がおかれていることに気づいていた。しかし、この情報は、幕臣や民衆に公表されることはなかった。

そのため黒船の出現は、幕閣内では予期していたものとはいえ、一般民衆には大きな衝撃を与えた。

幕府ははじめ長崎に行くことを要求し、上陸や国書の受け取りを拒否した。しかしペリーは一歩も引かない。イギリスが中国に足場を築いたいま、アメリカはなんとしてでも日本を開港させ、捕鯨と貿易の拡大をはかりたかったのである。

ペリーは江戸湾の測量や、上陸の期限などを強硬に要求。結局、幕府は六月九日、久里《くり》浜《はま》で国書を受け取ることを認めた。オランダ以外の国書を受け取ることも、長崎以外で上陸を認めたことも異例である。幕府が祖法としていた「鎖国」は、このとき大きく崩れたのである。

★7　ペリーは海軍士官学校を経て、メキシコ戦争でアメリカ艦隊の次席指揮官として活躍。蒸気力による軍艦を改良、「蒸気海軍の父」と呼ばれ、日本へ派遣された。

このときの日本代表は、浦賀奉行の戸田氏栄と井戸弘道で、国書を受け取る役目になった。ペリーが日本の最高の役人以外には相手にしないといったが、日本側は二人に地位をごまかせて受領にあたらせた。もっともペリーも「司令長官はアメリカの最高位」であると地位をごまかしているので、この地位詐称はおあいこである。

国書が受領される久里浜では、彦根藩兵二〇〇〇、川越藩兵八〇〇が警備にあたり、海上には会津藩船百三十隻、忍《おし》藩船五十隻が警備についた。

これに対してペリーは、大砲の射程圏内まで艦隊を接近させて警戒しながら、水兵、陸戦隊、軍楽隊、士官ら三〇〇名を上陸させた。

無言と緊張のうちに国書の受領が行なわれた。そこには日米の和親と交易、日本近海の捕鯨船などの漂流人救助、石炭、食糧、水の供給、避泊湾の提供などが要求されていた。

日本側は国書を受け取るだけであったが、ペリーは「来年の春にやってくるまでに、この提案に対する回答をいただきたい」と要求。これに対して日本側は、ただ無言であったという。

「井戸の水あってよく出る蒸気船、茶の挨拶で帰るアメリカ」

井戸は浦賀奉行の井戸弘道に、蒸気船と茶は宇治の銘茶の上喜撰《じょうきせん》にかけられている狂歌である。だが、ペリーはお茶をのんだだけで帰ったのではなかった。幕府にきわめて重い宿題をのこして去ったのである。

そして、ペリーが去った十日後の六月二十二日、十二代将軍の家慶《いえよし》が病死した。四十一歳。家慶の死は、やがてむかえる幕府の威信低下と混乱を暗示するものであった。

幕末維新の謎ファイル④

十二代将軍・家慶と十三代・家定の性格

ペリーが来航したとき、すでに病床にあった家慶は、黒船のショックかどうか分からないが、再航を宣言して去ったペリーのあとを追うように没した。

家慶は十一代家斉《いえなり》の二男であるが、兄が幼くして亡くなったため、世継として大切に育てられた。しかし将軍になっても幕閣の意見に反対することはなく、ただ「そうせい」というだけなので「そうせい様」とアダ名された。

決して暗君ではなかったが、水野忠邦や阿部正弘に政治をまかせて、大好きな酒をのむことが生きがいであった。

その子の家定は、二十九歳で将軍になったが、生来の病弱にくわえて、一日中、大豆《だいず》を煎《い》っていれば満足していたという人である。

政治にまったく無関心な将軍の登場が、幕末の政局を混乱させる一因になったといってもよい。

◆老中・阿部正弘の英断と三十九歳の死

「唐人《とうじん》も伊勢の風には驚きて、今はあべこべ伊勢が驚く」

黒船の来航で、老中の阿部伊勢守《いせのかみ》正弘を皮肉った狂歌である。元寇《げんこう》のむかしには伊勢神宮の神風《かみかぜ》で中国軍を驚かしたが、今はそれとあべこべで、阿部伊勢守が狼狽《ろうばい》していると笑ったもの。しかし、幕臣の一人で開明的な永井尚志《なおゆき》は、

「黒船来航のころの幕閣では、阿部伊勢守だけが自分の意見をもっていた」

と回想している。阿部がどんな意見をもっていたかは、あまりよく分かっていないが、おそらく単純な鎖国論者でも、開国論者でもなかったにちがいない。

むしろ熊本藩士であったが、越前の松平慶永《よしなが》（春嶽《しゅんがく》）のブレーンとなる横井小楠《よこいしょうなん》★8と同じような意見、すなわち、

「ヨーロッパの植民地主義を拒否しながら、諸外国との交易によって国を富ます」

というものに近かったと思われる。

こうした阿部の開明性は、ペリーがいったん退去したあとに発揮される。阿部はアメリ

カ大統領の国書を一般人にも示して、上下を問わずに意見を求めたのである。

それは諸大名はもちろんのこと、諸藩士や幕府役人、一般の庶民までに対しても、

「幕府の考えとちがってもよいから、どんな意見でも遠慮なく述べよ」

と、日本のとるべき道をたずねた。これに応じて、およそ七〇〇通の意見書が集まったというから、幕政史上、画期的なことである。

もっとも、意見書の圧倒的多くは「外国人を排して鎖国を守るべし」という意見で、しかも内容も具体性もないものがほとんどであった。わずかに注目されたのは、勝海舟の積極的な海防論くらいであった。これによって海舟は小普請組四十俵の貧乏旗本から脱し、蕃書調所《ばんしょしらべしょ》勤務から長崎海軍伝習所へと出世の道を歩みはじめる。

こうした下の人々から意見を求めることは、多くの人に政治参加の意識をいだかせるようになる。だが、その反面、それは幕府の独裁制をやがて否定していくことにもつながっていったのである。

阿部正弘は、徳川斉昭《なりあき》、島津斉彬《なりあきら》、伊達宗城《だてむねなり》、山内豊信《とよしげ》（容堂）、松平慶永《よしなが》ら有力大名による雄藩連合で、幕政改革をして開国後の困難な時局をのりこえようとした。

そのために次期将軍に一橋慶喜をかつごうとしたが、そうした改革に反対する彦根藩主

★8　横井小楠は熊本藩奉行の二男。熊本に実践重視の実学党を結成。やがて福井藩主の松平春嶽に招かれ、開明思想を展開、幕臣に影響を与える。明治2年、攘夷派に暗殺される。

の井伊直弼《なおすけ》らと対立を深める。そしてペリー再航で、実質的な開国である日米和親条約を結ぶと、老中首座を〝蘭癖《らんぺき》〟といわれる洋学好きな堀田正睦《ほったまさよし》にゆずり、より開国策を進めようとした。

だが安政《あんせい》四年（一八五七）六月、三十九歳の若さで病死してしまう。阿部が長生きしていれば、幕末の様相は変わっていただろうといわれている。

幕末維新の謎ファイル⑤

外国船の日本来航ラッシュ

【弘化三年〜四年】

●琉球（沖縄）―イギリス、フランス船。フランス船二隻、通商を要求。
●浦賀―アメリカ東インド艦隊司令長官ビッドルが軍艦二隻で通商を求める。デンマーク船来航。
●長崎―フランス軍艦三隻、薪と水、漂流民の保護を求める。オランダ船がイギリス船の来航を警告。

【嘉永元年〜六年】

●江戸湾―イギリス船マリーナ号が江戸湾を測量する。
●下田―同じマリーナ号が現れる。
●長崎―アメリカ軍艦プレブル号入港。オランダ船がペリーの来航を予告する。
●琉球―イギリス軍艦が那覇に入港。アメリカ船がジョン万次郎を帰国させる。
●日本海―国籍不明の外国船が数多く出没。
●浦賀―アメリカ東インド艦隊司令長官ペリーが軍艦四隻で来航。

◆開明的な吉田松陰の悲劇

「日本人でペリーから丁重に一礼されたのは、貴殿《きでん》だけである」

と川路聖謨《としあきら》からいわれたのが、佐久間象山《しょうざん》である。象山は身長一七五センチ位と長身で、色が白く、鼻が高く、一見すると欧米人のようであった。

そのためアメリカ東インド艦隊司令長官のペリーは、二度目に日本にやってきたとき、象山の前を通りすぎようとして、その堂々とした風格に思わず一礼した。

ペリーに頭を下げさせた象山は、信州（長野）松代《まつしろ》藩の下級武士の出身であった。幼いときから秀才の誉れ高く、藩主の真田幸貫《さなだゆきつら》に可愛いがられた。象山は幕臣ではないが、多くの若い幕臣たちに大きな影響を与えた。

象山は、勝海舟の妹順子と結婚したが、海舟は、

「やつは物知りだったが、どうもホラ吹きで困ったよ」

といったように、頭がきれるが、物事と自分を大きく評価するクセがあった。西洋砲術を江川英龍に学ぶや、すぐに自分で大砲を設計し、製作している。

その試射はなかなかの成績であったが、最後の発射で砲身は大音響とともに破裂した。

「大砲を打ち損なってベソをかき、後の始末をなんとしようざん」

と、からかわれても自信満々である。

ペリー来日の前、象山は海軍を設置すべしという意見書を老中阿部正弘に提出した。これは川路聖謨のみが賛成しただけで、意見は採用されなかった。

ペリーの艦隊が来航すると、オランダから軍艦を購入するという噂が立った。このとき象山は、長州脱藩の吉田松陰《しょういん》★9に対して、

「外国から軍艦を買うより、日本でつくるべきだ。有志を海外に送り、軍艦や大砲の製造技術を修得させるほうが、日本のためになる」

といった。このころ吉田松陰はすっかり象山に心酔していた。松陰も、

「外国の介入を防ぐには、外国の文化技術を見聞しなければならない」

と考えていた。松陰はのちに長州人志士から「尊王攘夷」派とみられるが、じつは「尊王」派にはなったが、あくまでも「開国」派で、単純な外国嫌いの攘夷派とはちがっていたのである。

吉田松陰は行動の人である。

★9　長州藩士で26石取りの杉家に生れる。山鹿流軍学の師範吉田家の養子となり、兵学者として名を上げる。脱藩、密航失敗、投獄の間、多くの書を著わし、尊王志士を感化した。

「外国を知ることで、日本を考えよう」

と考えたときから、国禁の海外渡航を決意し、実行に移す。

ペリーが再来を約して帰ったのち、ロシアの軍艦が長崎にいることを知った松陰は、象山の激励をうけて急行した。が、ロシア艦隊はすでに帰ったあとだった。

そして嘉永《かえい》七年（一八五四）三月、下田に停泊するアメリカ軍艦に、松陰は小舟でこぎつけ、渡米を願ったのである。だが、密航者を乗せることは、日米の外交上よくないと判断したペリーは、松陰の申し出を断わった。

物事に潔癖な松陰は、密航を企てたとして自首。このとき象山が書き送った手紙が発見され、象山も江戸伝馬町の獄につながれた。

象山と松陰に対して、幕府内では死刑もしくは遠島という意見が強くあった。川路聖謨はこれに反対し、

「国禁を犯してまでも、外国の事情を探ろうとする象山、松陰の行動は国を憂うあまりのこと。二人の俊傑を失うことになれば、天下の損失です」

と阿部正弘に説いて「在所において蟄居《ちょきょ》」という寛大な判決が下された。

象山は信州松代へ、松陰は長州萩へ送られた。そののち二人は再び会うことはなかった。

二章

血涙の雨・安政の大獄

水戸藩と朝廷が組んで反逆を企てている！

◆英露戦争で中立を守った日本の英断

ペリーの率いる〝黒船〟が、一年後に再び日本にやってきた安政《あんせい》元年（一八五四）は、激動する幕末の始まりとなった。

アメリカにつづいて、イギリス、ロシアとも和親条約が結ばれた。イギリス、ロシアと条約を結んだのは、両国がトルコ領をめぐって、クリミア戦争中であったからだ。香港を根拠地とするイギリスの東インド艦隊と、樺太・千島から北海道へ南下政策をとるロシアとは、日本の近海で戦闘を開始しないとも限らない状況にあった。

そこで日本は、両国と条約を結ぶことで、日本近海での交戦を禁止させ、中立的な立場に立とうとしたのである。まことに賢明な中立策である。

このとき、ロシア使節のプチャーチン[★10]と交渉にあたったのが、全権大使の筒井政憲《まさのり》と川路聖謨《としあきら》である。筒井のほうが位が高いが、高齢で耳が遠かったために、川路が代表格である。

「川路はその鋭敏なる良識と巧妙な弁舌において、ヨーロッパのいかなる社交界に出しても一流の人物だ」

　プチャーチンは、こう川路をほめ、そして信頼した。プチャーチンは、日本との交渉が進展しないので、大坂湾にロシア船を浮かばせて、「早く川路に会わせろ」と主張。これには大坂城代や京都所司代が仰天した。

「筒井、川路を下田へ向かわせるから、大坂をはなれて下田に向うように」

といって、ようやくプチャーチンを下田に行かせた。ところが交渉に入ったその時、二回にわたって東海から関西にかけて大きな地震に見舞われてしまった。

　下田でも被害が大きく、大津波によって家のほとんどが流失した。このとき二〇〇〇トンのロシア船ディアナ号も大破。修理しなければ帰国できない状態になった。

　五〇〇人の船員を日本に上陸させて、修理することなど前例がない。徳川斉昭などは、

「ちょうどよいから、皆殺しにしてしまえ」

と国際常識のない暴言をはいたが、これをおさえたのが川路聖謨。西伊豆の戸田で修理を許したばかりか、曳航の途中でディアナ号が沈んでしまうと、造船も許可する。

　新造船はロシアの技術将校が作った洋式帆船の設計図をもとに、日本の船大工がわずか三カ月で完成、「戸田号」と命名された。これによって日本ではじめて洋式造船術が得ら

★10　プチャーチンは、ロシア海軍提督。通商を求めたラックスマン、レザノフに続いて長崎に来航。幕府の拒否にあうが、その後もたびたび来航し、日ロ関係の友好をはかる。

れたのである。

のちに、この船大工たちは、日本海軍の基となる長崎海軍伝習所などに派遣され、開国にともなった大型外洋船の建造に貢献する。

こうした災難にあいながら、日露和親条約が結ばれた。このとき、現在も日本が主張する国境——すなわち択捉《えとろふ》、国後《くなしり》、歯舞《はぼまい》、色丹《しこたん》の四島は日本の領土として確定されたのである。

幕末維新の謎ファイル⑥

失脚した川路聖謨のピストル自殺

ロシアのプチャーチンから信頼された川路は、安政五年（一八五八）、井伊直弼が大老になると一橋慶喜派であったために西ノ丸留居役という閑職に左遷。つづく安政の大獄で免職・蟄居を命じられる。

文久二年（一八六二）の生麦事件でイギリスとの折衝にあたるが、不調に終わり、以後職をしりぞいた。慶応四年（一八六八）三月十五日、江戸城の開城が決定したと聞くや、武士の作法どおりに腹を一文字に切り、そのあとピストルをこめかみにあてて自殺した。

晩年の川路は、中風で左半身が不随であったため、やむなくピストルを用いたようだ。あくまでも徳川家に殉じようとした幕臣の一人であった。だが葬式に参列したのは、わずか数名。もはや時代は急変していたのであった。

◆安政の大地震が幕末の危機意識を高めた

〝黒船ショック〟は、幕府をはじめ多くの日本人に大きな影響をおよぼした。だが、それ以上に、国民の生活に大きなショックを与えたものがあった。

それは、くり返し襲ってきた地震である。ペリーがやってきた嘉永《かえい》六年（一八五三）から安政二年（一八五五）の三年のあいだに、毎年一回の大地震に見舞われ、各地に甚大な被害をもたらした。

この幕末期の大地震は、ちょうど関東大震災によって日本人の意識が、加速度的に軍国主義化へかたむいていったように、人々の気持ちを攘夷と尊王のほうへ向けさせた。

まず〝黒船ショック〟の嘉永六年二月には、小田原から江戸にかけて倒壊家屋三四〇〇戸の小田原地震が発生。

さらに翌嘉永七年（安政元年）六月には、伊賀上野《いがうえの》地震によって伊勢（三重）、奈良一帯で四〇〇〇戸が倒れ、一一五〇名の死者が出た。

つづいて同年十一月には、四日と五日と連続して地震がおこった。このときは東海から関西、山陽地方にかけて大きく揺れ、房総から土佐（高知）にかけての太平洋沿岸は大津波に襲われた。プチャーチンがのるロシア船ディアナ号が津波に襲われて難破したのはこのときのこと。

この地震の被害は大きく、半全壊と焼失、流失をあわせると、じつに九万戸。死者は約三六〇〇人にものぼった。

地震は地下にいるナマズのせいだとして、それをおさえるナマズの絵が大流行したが、人々の意識には「外国人がやってくるようになって、地震がおきた」という反発が強くなってきたのも事実である。

それを決定的にしたのが、江戸を襲った安政二年十月二日の大地震★11であった。同日夜十時ごろ、突如として大地がドンと突き上がると激しく震動した。

震源地は亀戸から市川あたりで、直下型であった。マグニチュード六・三くらいといわれる。この地震による被害は江戸だけでも、倒壊・焼失一万六〇〇〇戸、死者七〇〇〇人にもおよんだ。

ただし、これには江戸の面積の六～七割をしめる武家屋敷は含まれていないから、もっと厖大《ぼうだい》な被害をうけていた。

★11　安政の大地震は、江戸を一瞬にして地獄と化した。火災は一昼夜にわたり、新吉原では1600人ほどの客や遊女が焼死した。復興は早く、両国橋は50日で修理が完了。

幕臣となる旗本は五〇〇〇人、御家人は一万七〇〇〇〇人くらいいたが、そのうち幕府から救済金をうけた幕臣の総数は一万七〇〇〇余人であった。これから計算すると、旗本・御家人の四分の三は被害をうけたことになる。幕府は約八万九〇〇〇両の救済金を幕臣に与えた。

この安政の大地震は、江戸町民はもちろん、幕臣や大名家にも大きな被害を与えた。大名でとくに被害が大きかったのは、小石川に上屋敷をもっていた水戸家（東京ドームの隣の後楽園）であった。

水戸藩邸の死者は四十八人、怪我人が八十四人であった。藩邸内の藩主の住居は残らず大破し、長屋四十三棟が傾き倒れた。

このとき、海防参与として、再び幕政に参画するようになっていた徳川斉昭の側用人、藤田東湖《とうこ》と戸田蓬軒《ほうけん》の、いわゆる〝両田〟といわれた二人が圧死した。〝両田〟は斉昭の片腕として、水戸藩をとりまとめながら、幕政にも影響を与えた人物である。この〝両田〟の死は、名君といわれた斉昭の政治力を薄めることになったばかりか、水戸藩内に内部抗争をもたらすことになる。

この地震のとき、暗愚といわれた将軍家定もさすがにビックリしたらしく、

「こんなに大きいのもあるんじゃな」

と側近につぶやいたという。

いずれにせよ、三年連続して発生した大地震は、ペリーの来航などと結びつけられ、民衆に深い不安感と、「このまま日本は滅び去るのではないか」という終末観をあおることになる。

こうした意識が、やがて幕府への反発や批判を招き、尊王攘夷の気運を高めていく。

幕末維新の謎ファイル⑦

地震で圧死した水戸藩の藤田東湖

この夜、小石川の水戸藩邸にいた東湖は、来客を送り出した直後に地震に見舞われた。東湖は寝ていた老母を抱きおこして庭にのがれた。

ところが老母は火を消し忘れたといって、建物に戻ったとき、二度目の激震に襲われた。東湖は母を庭に投げ出して救ったが、自分は逃げおくれて圧死した。

東湖は徳川斉昭を藩主に推して以来、斉昭に信任されて藩政改革を進めた。その一方、水戸学の尊王論と攘夷論で、諸藩の志士の信望をあつめた。

東湖の四男小四郎は、父の思想をうけついで尊攘派として活躍、天狗党《てんぐとう》を結成。藩内の保守派と抗争して破れると、武田耕雲斎《こううんさい》らと共に京都をめざすが、同じ水戸出身の徳川慶喜によって三七六名の同志と共に斬刑に処される。

◆ハヤし立てられた徳川斉昭の新造船

安政大地震の直後、阿部正弘は佐倉《さくら》（千葉）十一万石の堀田正睦《ほったまさよし》を老中にむかえ、さらに老中首座すなわち総理大臣の地位をゆずった。

堀田は水野忠邦《ただくに》のとき老中になっていたが、〝天保の改革〟は行きすぎだと批判したため、老中をクビになっていた。阿部正弘は、堀田を老中首座にすえることで、幕閣の空気を一新し、開国への道を確かなものにしようとした。

というのも堀田正睦は〝蘭癖家《らんぺきか》〟、すなわち大のヨーロッパかぶれで、「西の長崎、東の佐倉」といわれるほど、領内でも蘭学を奨励した人物であった。

「国防の体制を整えながら、開国して諸外国と貿易することで国力をつける」

これが堀田の考えである。阿部と堀田という開明的な指導者の登場により、いやおうなく国防の意識が幕臣や大名たちの間で高まっていく。

すでに長崎においては、オランダ人の指導によって、海軍伝習所★12が開設され、幕臣四十余名が送りこまれていた。勝海舟もその一人であった。やがて海軍伝習所は、幕臣だけでなく諸藩の家臣も受け入れた。これは自分の藩さえよければよいとする藩閥意識を幕府がみずから打ち破ったもので、ここにも幕閣の広い見識がある。

この長崎海軍伝習所からは、幕臣では勝海舟のほかに榎本武揚《えのもとたけあき》、肥田浜五郎《ひだはまごろう》、薩摩藩では五代友厚《ごだいともあつ》、川村純義《かわむらすみよし》、肥前藩から佐野常民《さのつねたみ》と、のちの日本海軍の指導者が育っている。

この伝習所にやがて太平洋をわたる咸臨丸《かんりんまる》がオランダから輸入されると、海軍技術はさらに高まる。だが、伝習所生の中には、学力や知識の劣る者も多くいたため、いっそヨーロッパに留学生をおくって、基礎から学ばせたほうがよい、という意見が出された。これを説いたのが、長崎在勤目付の永井尚志《なおゆき》である。こうした発想は、これまでなかったものである。

だが、そのころの意識は、開国開港はできるだけしないで、国防力の増強だけをはかろうとするものであった。

徳川斉昭もその一人で、江戸の佃島《つくだじま》で長さ二十三間（約四十一メートル）の旭日丸《きょくじつまる》を造って、これで水戸藩沿岸の防備にあてようとした。ところが進水となると、まったく動かない。そのため、「隠居さん（斉昭）、新造《しんぞう》（若い人妻と新造船をかける）寝かしてどうなさる」とハヤし立てられる始末。

★12　長崎海軍伝習所は、オランダの援助によって発足。軍艦「観光丸」で実地訓練が行われ、砲術、操船技術が習得された。機関士・船大工・製帆工・鍛冶などの技術職人も育つ。

◆「斉昭《なりあき》をアメリカへ」を説いた幕臣の失脚

老中首座となった堀田正睦は、阿部正弘と連立政権を形成。堀田はもっぱら外交問題を担当して、幕府の意向は開国開港であることを打ち出した。

堀田は、外国貿易が開始されることを予想して、これまで対外交渉にあたっていた川路聖謨《としあきら》や岩瀬忠震《ただなり》を外国貿易取調掛《とりしらべがかり》に、堀利熙《としひろ》を目付から箱館奉行に起用した。

ちなみに堀利熙と岩瀬忠震はイトコで、しかも〝妖怪〟と恐れられた鳥居耀蔵《とりいようぞう》のオイにあたる。

鳥居耀蔵の父は、幕府の儒官として君臨してきた大学頭・林述斎《じゅっさい》である。この述斎の二女の子が堀利熙で、三女の子が岩瀬忠震である。

同じ林家の血をひきながら、鳥居耀蔵はウルトラ保守派であったが、オイの二人はきわめて開明的であった。

とくに岩瀬忠震は、積極的に開国政策を主張し、もっとも過激な攘夷論者である徳川斉昭と藤田東湖に開国を説いたこともあった。

これによって東湖は「開国こそ日本独立の道だ」と思い、岩瀬のすすめる斉昭を団長とするアメリカ視察団の派遣計画を立てたようである。だが、東湖が安政の大地震で死亡したため、これは実現しなかった。

岩瀬はアメリカ総領事としてやってきたハリスとも対等に交渉し、通商条約の一字一句にいたるまで日本側の考えを主張した。

岩瀬は英・仏・露・オランダとの通商条約の交渉にもあたり、みずからその調印者となった。

福井藩の橋本左内《さない》は、★13藩主の松平慶永《よしなが》（春嶽《しゅんがく》）に目をかけられた人で、西欧文明をとりいれながら藩政改革をやった人物である。その橋本が「才もあり気力もあり、決断も見識もある」と岩瀬の才能を高く評価している。

橋本左内は主君の松平慶永と一緒に一橋慶喜を将軍につけようと運動したため、安政の大獄で斬罪される。二十六歳の若さである。

岩瀬忠震も将軍継嗣《けいし》の問題では一橋慶喜を支持し、「井伊直弼は大老になる器量はない」と批判したため、井伊直弼の怒りにふれて失脚。家禄を没収されたうえに追放されたのである。

★13　橋本左内は、福井藩医で松平春嶽に信任され、西欧文明の教育を広める。中根雪江・由利公正らと藩政改革を行うと共に、幕政改革による統一国家構想を提唱する。

後でもふれるが井伊直弼は、国の政策方針よりも権力闘争を重視するあまり、有能な幕臣たちを失脚させた。井伊直弼はいわば幕府の人材を斬りすてることで、幕府の威光を高めようとしたのだ。人材がいなければ、どんな組織でも内部から崩れおちてしまう。

安政の大獄は、井伊直弼はもちろん幕府の命をみずからの手で縮めたのである。

岩瀬忠震は失脚して二年後の文久元年（一八六一）四十四歳で死んだ。血を吐いたというが、同じ幕臣の福地源一郎《ふくちげんいちろう》（桜痴《おうち》）などは、その死は「憤死」つまり幕府に対する憤りで死んだと言っている。岩瀬の失脚と死は、幕末外交をいっそう混乱させることになったのである。

◆条約を誤訳した林大学頭とハリスとお吉

幕府儒官の林大学頭は、いまでいえば東大総長といったところ。

その林大学頭は、日米交渉では決定的なミスを犯した。

というのは、ペリーと交わした日米和親条約の第十一条には、「両国政府のうち一国が必要と認めたときには、外交官を派遣できる」という条文があった。この条文をタテに、安政三年（一八五六）七月、アメリカの総領事としてタウンゼント・ハリスが下田にやってきたのである。

これに驚いたのは、日本側である。日本語で書かれた条文には「一国が必要と認めた」という文章はなかったからである。日本文では、「両国政府が必要と認めた場合のみ、外交官を派遣できる」とあって、日米両国の合意がなければ、外交官は来ることも行くこともできないことになっていた。

それにもかかわらずハリス一行が平然と下田に現れ、領事館の開設を要求したのだ。これに対して幕府は、条約にないとして退去命令を下した。しかしハリスは強硬である。よくよく条文を比較してみると「一国が必要……」という日本文が脱落している。

これはペリーとの交渉のさいに、林大学頭が本当は譲歩していたのに、幕府に対して事実をゴマ化すために、意図的に誤訳してあいまいにしてしまったというのが真相。

外交交渉になれていない林大学頭が、幕府の高官というだけでペリーの応接掛《おうせつがかり》筆頭にしたのが、そもそもの間違いであった。

しかし、誤訳であろうと、いったん条約が結ばれれば、それが国と国との間の約束事となる。幕府はしぶしぶハリスと通訳のヒュースケンの上陸を許し、下田の玉泉寺を宿舎にあてた。ハリスは玉泉寺にアメリカ国旗を掲げて、アメリカ総領事の着任を印象づけ、さらには幕府首脳との通商条約の交渉を強く望んだのである。

このとき、ハリスとヒュースケンの身の回りの世話をするために、選ばれたのが、お吉《きち》とお福《ふく》。このうちお吉はハリスの愛人になったといわれ、「唐人《とうじん》お吉」★14の話がつくられる。

しかし、このときハリスは胃病で苦しみ、お吉も腫れ物ができていたために、たった三日で自宅に帰されていた。そのため愛妾説はどうもつくられたもののようだ。

が、異人と接したとみられたお吉を見る世間の目は冷たく、やがてお吉は酒に溺れて身をもちくずす。幕末は、一人の女性の人生さえも変えてしまっていたのである。

★14　唐人お吉は、病身のハリスが看護婦を求めたのに下田奉行が送りこんだ女性。仕度金25両、月給10両。月給は大工の5カ月分。ヒュースケンはお福の他二人の愛人をもった。

◆将軍家定が江戸城でハリスに謁見する

下田の玉泉寺に領事館を勝手に設けたハリスは、

「アメリカ大統領から通商条約の全権をうけている。その信任状は、国際慣例から将軍に直接手渡したい」

と、くり返し下田奉行の井上清直《きよなお》に訴えた。井上は川路聖謨の実弟で、兄弟で外交交渉にあたっていた。

「前例がないので許可できない」

これが日本の回答である。いまでもそうだが官僚や役人は、前例にこだわる。責任をのがれるためである。が、いったん前例が破られると、あとは「前例がある」として態度を一八〇度変える。これもお役人の特徴。

ハリスの強硬な申し入れに、幕府もついに「前例なし」を改めた。オランダ商館長や朝鮮、琉球の使節に会っていたことを前例としたようで、ハリスの江戸登城を許したのである。安政四年（一八五七）十月二十一日のこと。

この日、ハリスは金糸で縫い取りした上着、金線の入った青色のズボン、金色の房のついた上反り帽子、真珠を柄《え》にはめこんだ飾剣というアメリカ国防省が定めた総領事の礼装で、通訳のヒュースト ンを従えていた。

ハリスは三〇〇諸侯が居並ぶ大広間を歩き、謁見の間に入った。そこには老中首座の堀田正睦ら五人の閣老と、御三家（水戸・紀伊・尾張）が控えている。将軍家定★15は上段の間で椅子にかけている。顔は見えるが御簾《みす》がたれているために、頭上は見えない。ハリスは立ったまま儀礼的な挨拶を述べて、深々と一礼した。それに対して家定は、

「遠い所、使節をもって書簡を差しよこし、挨拶されたこと、満足である。両国はいく久しく交際すべし。大統領によろしく伝えられたし」

と答礼し、無事に謁見の儀式はおわった。家定の声はよく聞える、しっかりしたものであった、とハリスはいっている。そして、家定が答礼するとき、頭を左肩から後ろへぐっと反《そら》し、同時に右足をふみ鳴らした、と観察している。

ハリスはこれは将軍の礼式と考えたであろうが、そこに居並ぶ御三家や閣老たちの額には冷汗が流れていたにちがいない。

歌舞伎役者が大見得《おおみえ》をきるような家定の仕草は、じつは言葉がやや不自由で、首や顔面

★15　13代将軍家定の正室は、摂関家の鷹司任子《たかつかさただこ》で、二番目は一条秀子《ひでこ》。二人は懐妊のないまま死去。そこで薩摩の島津敬子《すみこ》（篤姫）が正室となったが、やはり子供に恵まれなかった。

がマヒすることがあったからである。

こうした体の状態に家定自身も成人するにつれて恥じるようになって、人に会うことをいやがった。妻を三人むかえたが、「かつて男女の語らいもない」といわれている。そのため、もちろん世継ぎとなる子供はできない。

ハリスとの謁見は、無事におえたものの、「こんな重大な時期に〝暗愚の君〟とささやかれる将軍ではなんとも心もとない」という空気が御三家をはじめ有力大名の間に広まり、「早く将軍の継嗣《けいし》を決めなければ……」という思いを深めていく。

これがやがて日本の政界を二分する大問題になっていく。

◆あなたまかせの幕府は自滅の道へ進む

将軍家定と会ったハリスは、堀田正睦《まさよし》や外国交渉の幕臣たちに対し、世界情勢と通商貿易の必要性をレクチャーした。

外国の一領事から日本の外交首脳が講義をうけること自体、いかに日本が国際情勢に取り残されていたかが分かる。しかし、諸外国の事情を説かれても、日本には日本の事情がある。ハリスは一カ月も九段坂下にあった蕃書《ばんしょ》調所に留めおかれて、放置された。

このときハリスは、アメリカリンゴの苗木を芝の増上寺に贈っている。西洋リンゴの栽培がここに始まる。

その間、日米修好通商条約の交渉が開始されるが、全権をまかせられた岩瀬忠震《ただなり》は、「自分は条約についてはまったく分からないから、ハリスのほうで草案をつくってくれ」といいだして、「えっ！」とハリスを驚かした。

ところが、草案ができると岩瀬は、日本にとってソンか得かを一つ一つ論破して、条項を変えさせたという。

もっとも、その間の通訳は複雑であった。ハリスの英語をヒュースケンがオランダ語に訳す。それを日本人通訳がオランダ語から日本語に伝える。そのため微妙なニュアンスが伝わらず、誤訳も多かったといわれる。

こうして作られた条約は、治外法権を認めたり、関税自主権がないなど、明らかに不平等条約であった。やがて、この条約が日本の首をしめることになるが、このときは誰も問題意識はもっていない。

ただ貿易を行なうことを前提に、どこの港を開放し、どこに外国人を住まわせるか、ということばかりが日本側で議論になっただけ。

攘夷論者の徳川斉昭などは、ハリスが江戸にいることだけでも気にくわず、条約を結ぶなどもってのほかだと、

「堀田正睦と岩瀬忠震が腹を切り、ハリスの首もはねてしまえ」

といったかと思うと、貿易の気運だけは避けられないと考えたのか、

「外国の日本国内の貿易は拒絶するが、わしが外国に出ていって貿易するから、百万両を貸してほしい」

とムチャクチャな要求を幕府に求めていた。しかも水戸浪士が、ハリスの暗殺を企てて、

逮捕される事件をおこしている。

しかし、多くの大名は、ペリー来航のときの打ち払い論の勢いはなく、貿易開始も仕方がないという方向に考えが傾いていた。

ただし……、という条件がついた。

「条約を結ぶにあたっては、朝廷に奏上し、天皇の勅許★16を受けるべきだ」

と主張した。これをいったのが、尾張の徳川慶恕《よしくみ》、仙台の伊達慶邦《よしくに》、鳥取の池田慶徳《よしのり》ら多くの大名である。

彼らは、将軍家定に権威はなく、幕府の権力もすでに弱っているとみて、朝廷と天皇という、より高いとされる権威の力をかりて、この問題の決着をはかろうとしたのである。

この時点で、すでに人心はもとより、日本の権力の中心が天皇に移動したとみてよい。

それまで二〇〇年あまり、幕府は朝廷や天皇の意向などまったく無視して政治をやってきた。鎖国体制をとったときも、朝廷におうかがいを立てることはなかった。

にもかかわらず、この日米修好通商条約のときは、問題解決を朝廷にまかせようとしたのだ。堀田正睦も、

「このさい勅許を得ることで、この問題は簡単に片付くだろう」

★16　条約勅許は、ハリスから見れば「大君《タイクン》」(将軍)より「皇帝《ミカド》」(天皇)が日本の統治者との印象をもたせ、これが日本国内や欧米の認識となり、幕府崩壊と天皇親政の拍車となる。

と考えていた。

老中首座の堀田正睦といえども、しょせん佐倉藩の殿さまであって、日本全体への責任感はそれほどなかった。といえばそれまでだが、あまりにも政治権力の主体性がない。朝廷から勅許をもらうと考えた時点で、徳川幕府はその責任を放棄したのだ。つまり幕府の崩壊が、このときに始まったといってよい。

安政五年二月、堀田正睦は勘定奉行の川路聖謨、目付の岩瀬忠震ら数十名を従えて、みずから京都に乗りこんだ。

だが孝明天皇は根っからの外国嫌いで、コチコチの攘夷論者である。公卿《くぎょう》の多くもそうだ。これに尊王論者の梅田雲浜《うめだうんぴん》、頼三樹三郎《らいみきさぶろう》、梁川星巌《やながわせいがん》らが盛んに攘夷と尊王を説いて気勢をあげている。

これに加えて徳川斉昭までが開国反対の手紙を朝廷に送って、堀田らの足をすくおうとする。幕府の方針を裏切るかのような斉昭の行為は、将軍家定の世継ぎ問題とからんでいるから、問題をいっそう複雑にする。

堀田は天皇や関白らをはじめ公卿たちを懐柔するために、一万両近い金をバラまく。公卿は絶対反対をぶちあげる。

一〇〇人近い公卿が、幕府に理解をしめす関白九条尚忠《なおただ》の屋敷におしかけて、デモンストレーションをする。その中には、のちに維新の怪物となる岩倉具視《ともみ》の姿もあった。

堀田は二カ月も京都にいたが、とうとう勅許をもらえず江戸に戻った。その三日後の四月二十三日、井伊直弼が老中より上の大老になる。

幕末維新の謎ファイル⑧

京の人に嘲笑された林大学頭

堀田正睦は勅許を得るために、まず林大学頭と目付の津田正路《まさみち》を京都に向かわせ、朝廷工作にあたらせた。

孝明天皇はじめ公卿のほとんどは、

「この神の国に異国人を住まわせ、商売を許すなどもってのほか」

「アメリカの要求に従うのは、神州日本の恥で、伊勢神宮や先祖に対して申しわけない」

「条約を拒否して異国と戦さになれば、断固戦うべし」

と、なかなかの強気。当然、林大学頭らの説得は失敗、すごすごと江戸に帰った。

「東からハヤシたてられのぼりつつ、公卿にけられて恥を大《だい》がく」

「豪傑とハヤシたてられ京へ来て、大きな恥を大学の守《かみ》」

京都は朝廷はじめ庶民までがウルトラ保守で、尊王攘夷でかたまっていた。

◆条約勅許に将軍継嗣《けいし》がからんで大混乱！

堀田正睦の京都入りは、条約の勅許をもらう問題のほかに、将軍の継嗣《けいし》問題がからんでいた。

堀田はじめ開明的な幕臣や、攘夷派の徳川斉昭、松平慶永、島津斉彬らは「年長で英明で人望のある者」を次期将軍にせよという朝廷からのお墨付をもらおうと画策した。一橋慶喜を朝廷によって推挙してもらおうというのである。

条約勅許もそうだが、将軍を立てるのに朝廷から推してもらおうということ自体、幕府はじまって以来のことである。この点でも幕府はすでに責任能力を失っていた。

しかも条約締結という政策に、派閥抗争に近い政局をからみあわせたのだ。そのため日本をどうするかという重大な問題よりは、将軍を誰にするかという国内問題に時局はすり変わっていく。幕末の混乱と不幸はここに始まる。

もちろん朝廷は、勅許もノーで、将軍問題も「それは幕府の決めるべきこと」と突っぱなした。そのため幕府の威信は落ち、朝廷の威光はますます強くなったのである。

これに対して、はじめ堀田政権を支持していた井伊直弼★17ら有力譜代大名が強く反発。将軍家定のイトコにあたる紀州の徳川慶福《よしとみ》（のちの家茂《いえもち》）を次期将軍にすべしと結束する。

この両者の対立は、京都でも展開された。

薩摩の西郷隆盛《さいごうたかもり》は、主君の島津斉彬の意をうけて、松平慶永の命をうける橋本左内や幕臣の川路聖謨らと一橋慶喜の擁立に動いた。このとき西郷隆盛は、倒幕などまったく念頭になく、主君の命令どおりに動く人物で、尊王思想もさほどなく、単純な攘夷論者にすぎなかった。西郷の動きは、やがて幕府の知るところとなり、安政の大獄で追われた京都・清水寺《きよみずでら》の月照《げっしょう》という僧と投身自殺をはかることになる。

一方、紀州の徳川慶福を推す井伊直弼の腹心、長野義言《よしこと》（主膳《しゅぜん》）は、関白九条尚忠の家臣の島田左近と組んで一橋派に対抗。

京都は勅許と将軍問題で、政治の中心が移ったかのようであった。これが尊王派や攘夷派の意気を大いに高めることになった。が、一橋派の画策はことごとく失敗。しかも江戸では、ひそかに大ドンデン返しが着々と準備されている。

井伊直弼を大老《たいろう》、つまり老中首座よりも上で、将軍の名のもとで幕府を一人占めできる地位につけようとする動きである。これには老中の松平忠固《ただかた》、久世広周《くぜひろちか》、それに紀州藩家

★17　井伊直弼は彦根35万石の藩主。14男で生れたため「埋木舎《うもれぎのや》」で生活、兄の世子の死によって36歳で藩主。不遇期を支えた長野義言《よしこと》（主膳《しゅぜん》）、村山たか女らと安政の大獄を行う。

老の水野土佐守《とさのかみ》がかんでいた。

一方、一橋派は京都で諸問題を解決できなかった堀田正睦にかわって、福井藩主の松平慶永を大老につけようと動く。堀田もそれを了解し、将軍家定に会ったときには「朝廷はどうも一橋殿に傾いています」と報告。さらに「松平慶永こそ、この時局をのりこえるにふさわしい人物」と、大老に推した。

だが家定は、大奥《おおおく》の女たちが大の水戸嫌い、つまり質素倹約を説く徳川斉昭が大嫌いであったため、その子の慶喜を後継ぎに指名する気など、はじめっからない。

しかも慶喜は、男っぷりがよいという評判である。これには家定はヤキモチをやいた。家定の生母の本寿院《ほんじゅいん》までが「もし慶喜殿が将軍の世継ぎになられたら、私は自害します」と脅迫するありさま。斉昭・慶喜父子は、大奥から徹底して嫌われていたのだ。

ちなみに慶喜はのちに将軍となるが、江戸城に入ったのは、大政奉還《たいせいほうかん》して、鳥羽・伏見の戦いに敗れて、ほうほうのていで江戸に逃げ帰ってきたときがはじめてである。つまり将軍ではなくなってから、江戸城に入ったのである。

その間、いろいろな事情があったが、大奥の女たちに嫌われなかったら、慶喜は十四代将軍になることができたかもしれない。女性の力は決してあなどれない。

さて堀田が江戸に帰ってきた三日後の安政五年（一八五八）四月二十三日、彦根藩主の井伊直弼が大老職についた。四十四歳である。

この井伊大老の誕生によって、幕府の威光は昔のように高まるかと期待された。井伊は条約調印や将軍継嗣問題に積極的にとりくんで、その有能さを示した。が、そのやり方があまりにも独裁的すぎた。

幕末維新の謎ファイル⑨

開国派VS攘夷派・一橋派VS紀州派の構図

アメリカとの通商条約締結は、将軍継嗣問題とからみ合って、じつに複雑な政局をつくった。

積極的開国派の堀田正睦はじめ外交ブレーンの多くは、攘夷派の巨頭徳川斉昭の子・一橋慶喜を推した。松平慶永、島津斉彬らも一橋派である。つまり、開国派は攘夷の一橋派と組んだのだ。

一方、消極的開国派の井伊直弼ら幕府の保守派は、前将軍家慶の弟で紀州藩をついだ斉順の子慶福《よしとみ》（のちの家茂）を推す。わずか十三歳だが、将軍に血がいちばん近いというのが理由。つまり、幕府保守派は開国か攘夷よりも、慶福を推すことで徳川家を保とうとした。これには問題意識のない大名の多くが支持。

これからおこる安政の大獄は、じつは一橋派をつぶす権力闘争であるが、その結果開国派も攘夷派も弾圧され、その不満が高まって、井伊暗殺となる。

◆スタンド・プレーヤーの一橋慶喜の失敗

大老となった井伊直弼は、幕府の大きな懸案となっていた条約調印と将軍継嗣の問題を矢つぎばやに処理した。

まず六月十九日、勅許なしのまま日米修好通商条約を調印。これには公使の江戸駐在、神奈川・長崎・兵庫・新潟の開港と、江戸と大坂が開放されて、自由貿易が規定されている。

しかし関税は日本に不利で、しかも治外法権を認めていたため、その後五十年にわたって、この不平等な条約を改めることが日本の大きな課題となった。

この条約調印に攘夷派は憤り、開国派で一橋派にくみする面々も「朝廷の許しをえていない無断調印だ」「いや、天皇の意志に反する調印で〝違勅〟だ」「朝廷には宿継奉書《しゅくつぎほうしょ》（手紙）で報告したのはケシカラン」と怒った。

井伊大老を突き上げて、一橋慶喜を将軍につけさせようというのが主な狙いだ。そのため松平慶永、徳川斉昭・慶篤《よしあつ》（水戸藩主）、徳川慶恕《よしくみ》（尾張藩主）が押しかけて江戸城に登城。井伊に対して「慶喜を将軍に推すこと」を迫った。慶永を重い役職につけること。

一橋慶喜も登城して、こちらはもっぱら条約調印の不備について井伊に詰問する。これに対して井伊は、ただ「恐れ入ります」をくり返すばかり。

業をにやした慶喜は「将軍の継嗣はどうなっている」と切り出した。このあたり慶喜は弁が立ち、頭はキレるが、どうも先ばしる性格がある。二十二歳という若さのためであろうが、それが逆に足をすくわれる。

「次の将軍は決まっているのか」

と慶喜がたずねるが、井伊直弼はやはり「恐れいります」とくり返す。そこで慶喜は、

「紀州殿に決まっているのではないか」

と、自分が将軍候補の一人でありながら、たずねたのだ。井伊はここで我が意をえたりとばかり、

「そうです」

と返事をしたのである。このとき慶喜には、将軍への野心がなかったというが「紀州殿……」と名前を出したときに、この勝負は決まった。父の斉昭や松平慶永ら有力大名が自分を推していることを知りながら、一歩身を引いたのだ。

慶喜はよく一人舞台に立って、自分だけよい子ぶる芝居《しばい》をしたといわれるが、そうした性格は若いときから変わっていない。

「紀州殿に決定したとあらば、一日も早く発表されるがよい」

と井伊にすすめたのだ。これを父の斉昭らは知らずに「慶喜を将軍に」と井伊に詰めよったのである。ニンマリしたのが井伊大老だ。一橋派の足並みは、当の本人から乱れている。ここは一気に紀州の慶福《よしとみ》を次期将軍として公表しよう。

斉昭らが押しかけ登城、いわゆる〝不時登城〟をした翌日の六月二十五日、井伊は諸大名に登城を命じ、

「将軍のお世継ぎは紀州慶福公に決定した」

と正式に発表した。

かくして一橋派は、完全に敗れた。一橋派の敗北は、これに加担していた開明派、攘夷派、さらには尊王派の敗北でもあった。

七月六日、十三代将軍家定が死ぬ直前、斉昭は蟄居謹慎《ちっきょきんしん》、尾張の慶恕と松平慶永は隠居謹慎、水戸の徳川慶篤と一橋慶喜は登城停止★18を命じられた。

弾圧のはじまりである。

★18　慶喜は登城停止の処分から、さらに重い隠居謹慎を命じられ、一切の外出や家来との接触も厳禁された。慶喜が登城し、家茂に面会したのは文久２年５月で、４年ぶりのこと。

◆吉田松陰の死罪の真相

井伊大老による安政の大獄は、じつは朝廷が引きおこしたのだ。

条約調印に怒った朝廷は、幕府に出すべき無断調印を咎《とが》める勅書を、水戸藩主の徳川慶《よし》篤《あつ》に送ったのだ。水戸藩はむかしから尊王攘夷であったために、水戸藩を動かして幕府を突き上げようという策である。

これがまったく裏目にでた。突然の勅書を受けとって驚いたのが、徳川慶篤である。幕府の頭をこえて勅書がもたらされたことは、水戸藩と朝廷が手を組んで幕府に反逆することを意味する。当然、幕府もそう考えた。

慶篤も尊王攘夷であるが、本家の幕府を倒そうという考えはなかった。だが、尊王思想をつきつめれば、倒幕にゆきつくが、このときはまだ気運が高まっていない。やがて水戸藩が井伊大老によって弾圧されると、ようやく倒幕の気運が盛り上がることになる。

慶篤から勅書の報告をうけた幕府は、水戸と朝廷の関係を疑った。しかも水戸は、徳川斉昭と一橋慶喜の一橋派の中心である。将軍になれなかった慶喜をかついで、水戸は朝廷と組んで幕府に反逆をくわだてている。

井伊大老はそう断定した。ここは一気に一橋派をつぶして、井伊政権を強固にするチャンスだ。井伊はまず勅書問題に関係した人物の捜査を命じた。

これを担当したのが、京都に赴いていた老中の間部詮勝《まなべあきかつ》、京都所司代の酒井忠義《さかいただよし》、それに井伊大老の腹心長野義言《よしこと》である。彼らは表向きは条約調印の言いわけの任であるが、朝廷へ圧力をかけることが目的であった。

やがて水戸への勅書にかかわった人物が逮捕された。梅田雲浜《うめだうんぴん》、梁川星巌《やながわせいがん》（直前にコレラで死亡）、頼三樹三郎《らいみきさぶろう》★19らである。一方、公家方では多くの攘夷派がそのリストにのせられた。彼らは逮捕をまぬがれるために辞官し、髪を落として仏門に入った。前関白の鷹司政通《たかつかさまさみち》、前内大臣の三条実万《さんじょうさねつむ》、左大臣の近衛忠熙《このえただひろ》、右大臣の鷹司輔熙《すけひろ》、それに青蓮院宮《しょうれんいんのみや》らである。幕府の方針に不満をもつ者や批判する公卿は朝廷から一掃された。

一方、勅書を受けとった水戸藩のほうは、家老の安島帯刀《あじまたてわき》をはじめ鵜飼吉左衛門《うがいきちざえもん》らが捕えられた。

このとき橋本左内と吉田松陰も連座して、死罪になったが、これはまったくの行きがかりの駄賃である。

★19　梅田雲浜は、若狭小浜藩士で、浪人となって尊攘思想を説く。梁川星巌は岐阜出身の詩人で国事に奔走。頼三樹三郎は儒学者の頼山陽の子で、尊攘運動に入り、35歳で斬首。

橋本左内の場合は、松平慶永の意をうけて一橋慶喜の擁立に動いたが、もともとが開国派の左内は、攘夷でつながる朝廷と水戸を結ぶことには関係していない。

吉田松陰も同じである。長州萩の松下村塾で子弟の育成にあたっていた松陰は、外国と対等になるには、いまの幕府ではダメだと思い、倒幕の思想をもったものの、この件に関しては、まったく関与していない。

が、松陰は江戸に護送されて、老中間部詮勝の暗殺計画を白状したために、斬首される。

橋本左内、吉田松陰の二人は、数多い幕末の志士の中にあって、日本の近代化のビジョンを描き、実行しうる人物だっただけに、その死は惜しまれる。

こうした一連の安政の大獄の中で、井伊直弼は自分の政権の手足となる幕臣たちも、次々と失脚させた。彼らは外交の一線に立ち、きわめて開明的とみられていたが、一橋派に与《くみ》したとして、その地位を追われた。

まず井伊は大老になると、一橋派の幕臣を左遷した。川路聖謨《かわじとしあきら》をはじめ岩瀬忠震《ただなり》、永井尚志《なおゆき》、井上清直、小野忠徳《ただのり》ら初期の外国奉行となった人々がすべて左遷され、岩瀬や永井は家禄を没収し隠居を命じるという厳しい処分を下された。

彼らは手さぐりで外交交渉をこなし、外交手腕に磨きのかかった人物ばかりである。

それを井伊大老は、次々と失脚させた。

将軍家茂を擁して幕府の基盤を固めることに必死であった井伊は、みずからの政権を強くしたいという、狭い権力意識にとらわれていたのである。

政権が強硬策をとって政敵を弾圧すれば、一時的に批判勢力の力は劣える。だが、それは、やがて強い反発力を生む。

「井伊憎し」

の感情は攘夷派の中に大きく湧いてきた。これが、「桜田門外の変」につながっていく。

幕末維新の謎ファイル⑩

入水自殺をはかった西郷隆盛

弾圧の嵐が吹きすさぶ京都から、逃げ出した者がいた。清水寺成就院《じょうじゅいん》の住職月照《げっしょう》と西郷隆盛である。二人は水戸への密勅で動いていたとして、幕吏から追われて、薩摩に逃れた。

しかし島津斉彬はすでに亡くなり、藩は冷たく二人を迎えたばかりか、月照を斬刑にしようとした。義を重んじる西郷は、責任をとるために月照をかきいだいて鹿児島湾に入水自殺をはかった。月照は死んだが、西郷は引き上げられて息を吹きかえした。

西郷は奄美大島に流刑となり、約三年間島流しの生活をおくった。

西郷はその後ずっと生き返ったことを恥じつづけながら、自分を無にして天下のために尽くすことを誓った。〝大西郷〟といわれる大人物に生まれ変わって、幕末維新に活躍する。

◆サムライ日本、太平洋の荒波をこえる

井伊大老による強硬な弾圧の嵐が吹きすさぶ万延《まんえん》元年（一八六〇）一月十三日、品川沖から一隻の軍艦がアメリカを目ざして出航した。

幕府所有の軍艦咸臨丸《かんりんまる》である。司令官は軍艦奉行の木村喜毅《よしたけ》であるが、事実上の艦長は勝海舟で、総員九十六名が乗り組んだ。その中には九州中津藩出身の福沢諭吉《ふくざわゆきち》、中浜万次郎、赤松大三郎らがいた。

福沢諭吉は、はやくから英学を学び、西洋文明を見聞したいという希望をもっていた。彼は木村喜毅に頼みこんで、従者という身分で乗船することができた。

はじめ日本人だけで太平洋を渡るつもりだったが、難破したアメリカ船クーパーのブルック船長以下十一名が便乗。これには日本乗員が反発。「われわれだけで航海してみせる」とサムライ日本の勇気をみせようとした。

ところが太平洋に出てみると大浪や暴風雨にみまわれ、木村や勝も船酔いでダウン。ブルック船長らの助力がおおいに役立ったようだ。

いずれにしても、三十六日目にサンフランシスコに入港。ここに日本人では初の太平洋横断がなる。

一方、幕府のアメリカ使節団七十七名は[20]、アメリカ軍艦ポーハタン号に乗って、咸臨丸を追うように品川を出航。日米修好通商条約の批准書を交換するためである。

正使は外国奉行の新見正興《しんみまさおき》、副使は同じく村垣範正《むらがきのりまさ》、目付には小栗忠順《おぐりただまさ》が任命された。この人選にハリスは立腹した。というのも、条約締結にあたった岩瀬忠震と水野忠徳は左遷され、永井尚志《なおゆき》は安政の大獄に連座して、いずれも除外されていたからだ。

しかも正使・副使とも〝無能〟といわれる人物で、ただ小栗忠順《ただなり》だけがこの任務にふさわしいと見られていた。阿部正弘や堀田正睦は、有能な幕臣を活用したが、井伊大老は政局にばかり目をやって、人材の登場は消極的であった。

とはいえ、この遣米使節団はアメリカで熱狂的な歓迎をうけた。チョンマゲに刀をさし裃《かみしも》をつけたサムライは、いたる所で歓迎され、ジェームズ・ブカナン大統領とも会見した。「大統領は四年目に国民の入札《いれふだ》（選挙）で定める」ということに大いに驚いた。一国の代表といえば、日本では将軍にしろ天皇にしろ世襲である。それが四年ごとに変わる。しかも国民の投票で選ばれるということなど、信じられなかったのだ。

★20　遣米使節団は、途中ハワイに立ち寄り、国王のカメハメハ4世と会見。王妃の両肩が裸で、胸の薄着姿にビックリ。首に玉を飾り、まるで「生ける阿弥陀仏か」と仰天した。

この他、さまざまなカルチャー・ショックの連続であった一行は、アメリカから大西洋を航海し、九カ月にわたる地球一周をして帰国。その見聞はじわじわと、日本人の考え方を変えていく。

一方、咸臨丸はハワイに寄って、一足早く帰国して、井伊大老が暗殺されたことをはじめて知ることになる。

幕末維新の謎ファイル⑪

勝海舟の〝春画〟福沢諭吉の〝写真〟

咸臨丸がサンフランシスコに停泊していたとき、日本人はどこでも歓迎された。あるとき、勝海舟は、お礼にと男と女の秘戯の春画をプレゼント。

これが侮辱罪だとして裁判所へ出頭を命じられたが、「これは日本の芸術品だ」と裁判長にプレゼントして、大いに喜ばれたという。

のちに慶応義塾をつくる福沢諭吉は、時に二十六歳。サンフランシスコで写真館の十五歳の少女とツーショットの写真をとった。

「女性と並んで写真をとったのは、オレが最初だろう」

と自慢し、同行した連中を大いにうらやましがらせた。

物おじせずに、先進国の考え方を貪欲に知ろうとする福沢の姿は、やがて『西洋事情』『学問のすすめ』という名著になって著わされる。

◆桜田門外の変・井伊直弼の首はどこへ

万延元年（一八六〇）三月三日、上巳《じょうし》の節句の日、朝から春には珍しいボタン雪がさかんに降っていた。

この朝、登城する井伊直弼は、桜田門外で十八人の水戸脱藩浪士★21（うち一人は薩摩藩士の有村次左衛門）の捨て身の襲撃によって、首をかき落とされた。

大老の暗殺は幕府はじまって以来の大事件であった。井伊の護衛は、総勢六十数人であったが、雪のために防水用の柄袋《つかぶくろ》をつけていたため、十八人の奇襲を防ぐことができなかった。

しかも暗殺者はピストルを携行、それが井伊の腰に命中したともいわれるから、井伊側はまったく不意をつかれたのである。

暗殺者は井伊がのる駕籠の外から白刃を突きさし、戸を破って大老を引き出し、一刀のもとに首を落とした。

暗殺者の言い分は「斬奸趣意書《ざんかんしゅいしょ》」に書かれている。

要約すると、条約調印の違勅は、神州日本の国体をはずかしめ、大老井伊は天皇を蔑視《べっし》した許しがたい行為をしている。このまま国賊の大老を放置することは、政治が乱れ、外国の侵略を招くことになる。

が、幕府に敵対するものではなく、政道を正しくするためのものだと、暗殺行為を正当化している。

井伊直弼は強権を発動して尊王攘夷論者を処刑したが、その同じ考えをもつ者によって殺されたのである。つまり、この段階では、すでに〝尊王攘夷〟が政治の大きな課題になっていたのだ。

しかし、〝尊王〟をつきつめれば〝倒幕〟ということになる。水戸浪士らには、その意志はなかったというが、そこまでビジョンが描けなかったような浪士が多くいたのだ。水戸家が徳川幕府にとって〝獅子身中の虫〟だといわれるのもやむをえない。

ところで井伊大老の首は、どこに行ったのか。

井伊の首は薩摩の有村次左衛門によって持ち去られたが、深手を負った有村は近江三上《みかみ》藩の辻番所前で自刃。有村が投げ出した井伊の首は、辻番所から三上藩主で若年寄の遠藤胤紀《たねのり》のもとに届られ、さらに井伊家に引きとられた。

★21　水戸浪士は、水戸藩の激派（天狗党）に属し、保守派の諸生党らと内紛をくり返す。高橋多一郎、金子孫二郎、関鉄之介らが井伊暗殺の黒幕。のちに彼らは自刃、斬刑に。

殺害されて、しかも首がなければ、お家断絶である。「大老は負傷」と届け出をしているが、首がないことが分かれば……。心配しているところに、首が届けられた。早速、藩医が首と体を縫い合わせて、病死ということにした。そうしなければ、井伊家と水戸家の合戦になりかねなかったからだ。

しかし体裁をとりつくろっても、井伊の死はすぐに知れわたり、

「井伊掃部《いいかも》（よい鴨）と雪の寒さに首をしめ」

と、掃部頭《かもんのかみ》の井伊の死をよんだ川柳《せんりゅう》がすぐにつくられている。

井伊大老の暗殺は、その後の凄惨をきわめる〝幕末の暗殺〟の幕開けであった。

三章

魔の攘夷・一橋慶喜の登場

朝廷が幕府の人事に介入する前代未聞！

◆流行する外人暗殺とラシャメン悲話

大老井伊直弼《なおすけ》をいとも簡単に殺すことができたことに、攘夷派は自信をもった。天皇の意向にそむき、朝廷をないがしろにして、開国を説くやつらは、暗殺するに限る。ことに日本にやってきて、大きな顔をしている外国人は許せん。「天誅《てんちゅう》を加えるべし」という声が攘夷志士の間で高まっていった。

井伊が殺される以前の外国人暗殺は、安政《あんせい》六年七月の横浜でロシア船員二人。犯人は水戸浪士である。翌万延《まんえん》元年二月には、同じ横浜でオランダ商船長ら二人が斬られて死に、フランス公使館の使用人も負傷。

桜田門外の変の六カ月後、今度はアメリカ公使館通訳のヒュースケンが、麻布善福寺《あざぶぜんぷくじ》(アメリカ公使館にあてられていた)近くの中の橋で、四、五人の浪士に襲われて絶命。犯人の一人は薩摩藩の伊牟田《いむた》尚平だったという。

この暗殺の二カ月前の七月、イギリス公使のオールコック[★22]が富士山に登山していた。富士は古来、日本の霊峰としてあがめられ、江戸期には富士信仰が盛んであった。

「異人が霊峰富士を犯したのは、けしからん」

　という民衆の声が、攘夷にも拍車をかけた。

　しかも翌文久《ぶんきゅう》元年（一八六一）二月には、ロシアの軍艦ポサドニックの兵員が九州の対馬《つしま》に無断上陸して、軍事基地を設けた。不法占領である。これに対して老中安藤信正《のぶまさ》は、勘定奉行の小栗忠順《ただまさ》を対馬に送ったが、ロシア側は強硬で打つ手なし。この解決にのりだしたのが、イギリスである。対馬にロシア軍基地ができれば、イギリスの脅威となる。オールコックは、幕府の依頼がなくても、イギリス独自の立場で武力を行使すると通告。

　幕府はこれを黙認する形で、ロシア軍の退去をイギリスにまかせた。人のフンドシで相撲《すもう》をとるという恥かしいことをしたのだ。結果は、武力衝突を避けるためにロシア軍が退去して、一応決着したが、こうした幕府の外国まかせの姿勢も、攘夷を過熱させた。

　その一方、国内では開港された横浜を中心に急激なスピードで洋風化が進んでいた。外人商館ができると、外国人向けの日本の商店や遊廓《ゆうかく》が次々とできた。

　遊廓の中でも有名だったのが、岩亀楼《がんきろう》。これは品川遊廓の岩槻屋《いわつきや》の出店で、そこの抱え遊女がラシャメン（外国人の妾《めかけ》＝洋妾）の第一号。遊女の名は長山で、オランダ領事の妾になった。

★22　外国人の富士登山はオールコックが初めて。富士登山は精進潔斎した男に限られていたが、外国人の登山には批判が多く、これがイギリス公使館の高輪東禅寺の襲撃となる。

同じ岩亀楼の喜遊《きゆう》という遊女が自殺した。理由は分からないが、これに注目したのが、開港を怒っていた尊攘派の大橋訥庵《とつあん》。「アメリカ人の妾を拒否して、日本女性の操《みさお》を守った」という涙の美談をつくって、攘夷熱を高めた。ちなみにラシャメンの語源は、外国人相手の遊女が派手な羅紗綿《らしゃめん》を着ていたことにも由来するというが、はっきりしない。

幕末維新の謎ファイル⑫

幕末の国民意識を変えたコレラの大流行

井伊直弼による一橋派への弾圧が開始したとき、もう一つの大パニックが日本を襲い、人々を恐怖のドン底に突き落とした。二、三日でころりと死ぬことから〝コロリ〟といわれたコレラの大流行である。米艦ミシシッピー号が中国からもちこんだコレラが、五月に長崎に上陸。一カ月で七〇〇〇人が死亡。

コレラはまたたくまに東上、東海道から江戸、奥州から函館まで伝染した。とくに人口が集中する江戸では凄惨であった。七月と八月で死者は三万人とも四万人ともいわれた。そのため、さまざまな祈祷やまじないが流行したが、異国人が日本にやってくるようになってコロリが発生したという考えが根強く、そのため「異国人を追い出せ」という攘夷思想が一般の庶民の間にもおこった。

コレラは文久《ぶんきゅう》三年（一八六三）まで断続的に発生。そのため尊王攘夷から倒幕攘夷の運動に国民の多くが支持する要因の一つになった。

◆安藤老中の〝和宮降嫁《こうか》〟と二枚舌外交への怒り

井伊大老の死で、幕閣の中心となったのが、磐城平《いわきだいら》五万石の安藤信正《のぶまさ》である。安藤は下総関宿《しもうさせきやど》藩五万八千石の久世広周《くぜひろちか》を老中首座にすえて、困難な政局運営にのりだした。

安藤はまず井伊によって弾圧されていた一橋慶喜、松平春嶽《しゅんがく》（慶永）、山内容堂《ようどう》（豊信）らの謹慎を解いた。万延元年（一八六〇）九月のこと。この直前、口うるさかった頑固な攘夷論者の徳川斉昭が六十一歳で没している。

安藤は柔軟策に転じることで、幕府への風あたりをかわそうとした。しかも幕府の力を強くするために、朝廷の力を借りるという〝公武合体《こうぶがったい》〟を推進した。

よく考えれば、公武合体は逆に幕府の威光を弱めることになるのだが、やはり風圧には逆らえなかった。ここに安藤の弱さと、政権のもろさがあった。

公武合体といっても、幕府と朝廷の政権がいっしょになることではない。将軍に天皇の妹を迎えるという、いわば政略結婚によって、結びつきを強くしようというもの。

孝明天皇には和宮親子内親王《かずのみやちかこないしんのう》（十五歳）★23という妹がいた。この和宮を十五歳の将軍家茂の正室に迎えることを考えた。これは井伊のときから画策していたが、安藤はこれを引き継ぐ。

もちろん強気な朝廷は反対、公卿の多くも反対した。それに対して安藤は、御所に五〇〇〇両、公卿たちに一万五〇〇〇〇両という大金をバラまいて、反対を封じた。

そこで孝明天皇は、

「異人がウロついている江戸には、和宮はやれない。外国人を日本から追い払ってから、縁談のことは話し合う」

と突き放した。絶対反対から攘夷を条件に一歩あゆみ寄った。これに対して安藤は、

「十年以内には、必ず攘夷を実行しますから、ぜひとも和宮の降嫁《こうか》を……」

と、できもしない約束をして、とうとう和宮降嫁の勅許をえたのである。この約束があとあとまで幕府を苦しめる。

「幕府は攘夷を約束しながら、実行しないではないか！」

と怒った攘夷論者はやがて倒幕論者になる。これが幕末維新を動かした大きな力となったのだ。

安藤の約束は、幕府の威信を高めるどころか、かえって弱体化させた。一方、朝廷のほ

★23　和宮には6歳の時から有栖川宮熾仁《たるひと》親王という婚約者がいた。親王はのちに幕府を討つ征東軍大総督となって江戸へ。「宮さん、宮さん、お馬の前に……」の宮さんは親王のこと。

うでは、和宮降嫁をもっとも強く主張したのが、明治新政府の首領《ドン》となる岩倉具視《いわくらともみ》である。岩倉は妹の紀子が孝明天皇の寵愛《ちょうあい》をうけている立場を利用して、降嫁を進めた。

このとき岩倉は威勢がよかったが、和宮降嫁が実現した文久《ぶんきゅう》二年（一八六二）、尊王攘夷派が朝廷の実権をにぎると、宮中から追放されることになる。

一方、和宮はこの結婚をイヤがったが、江戸城に迎えられて、家茂と生活するようになると、相思相愛の夫婦になったという。家茂亡きあとも江戸城で生活し、京都に戻ることを拒否した。

しかも官軍が江戸城を攻撃すると聞いて、「お城を攻めるならば、私はふみとどまって、死んでもよい」

とまで言って、官軍の江戸城攻撃に抵抗した。女性は一度嫁《とつ》ぐと、その家を守るというが、和宮の場合もまさにそうであった。江戸城の無血開城は、西郷隆盛と勝海舟によって実現したが、そこには和宮のはたらきも大いにあったのである。

ところで老中の安藤信正は、朝廷に攘夷を約束する一方で、プロシアとの条約締結にも前向きにとりくんでいた。この条約はアメリカなどと同じく、開国開港と交易を行なうものので、攘夷とは明らかに反する。

こうした安藤の二枚舌は、やがてボロが出て、攘夷派の激しい怒りをかう。事実、このころから水戸藩士らが長州藩の桂小五郎《かつらこごろう》（のちの木戸孝允《きどたかよし》）と、条約破棄と攘夷実行の密約を交わすようになっていた。〝水長同盟《すいちょうどうめい》〟である。

しかも「安藤は和宮を降嫁させたあとに、天皇を廃止することを考えている」というウワサが広まり、これが〝鮟鱇《あんこう》切り〟をしなければ、尊王攘夷はできないといわれるまでになる。

〝鮟鱇切り〟とは、安藤→安公→鮟鱇という魚の名に連想され、鮟鱇を料理するように安藤を吊《つる》して切ってしまえという暗殺の陰語として使われるようになった。

◆幕府に衝撃を与えた外国奉行・堀利熙の自決

和宮降嫁が認められた直後、一人の有能な幕臣が割腹自殺をとげた。外国奉行の堀利熙《ほりとしひろ》である。堀利熙は、前にも少しふれたが幕府儒官の林述斎《じゅっさい》の孫にあたり、オジには〝妖怪〟といわれた鳥居耀蔵《とりいようぞう》★24、イトコには井伊直弼によって失脚させられた岩瀬忠震《ただなり》がいる。

堀の自殺は、林大学頭の血をひくことから、開国と和宮降嫁を画策する老中安藤信正の政策に反対したからだ、と世間にうけとめられた。一年後に安藤老中を襲撃する水戸浪士もそう思ったらしく、堀は安藤の〝軟弱外交〟と天皇を廃止する〝廃帝論〟に対して諫死《かんし》、つまり死をもって抗議したとみられたのである。

だが、これはまったくの誤解で、勘ちがいである。堀はイトコの岩瀬忠震と同じく、きわめて有能な外交官で、開明的であった。この点、同じ血が流れる妖怪・鳥居耀蔵とはまったくちがう。堀はペリー来航のとき、老中の阿部正弘によって起用され、目付から函館奉行となって対ロシア外交で大変に苦労した人物。

ロシアは貪欲なまでに南方に領土を広げようとする〝南下政策〟をとっていた。これに対し堀は、樺太《からふと》の実地調査を行ない、ロシア側の主張に対抗した。この実地調査のとき、十九歳の榎本釜次郎《えのもとかまじろう》（武揚《たけあき》）が同行している。

ちなみに榎本武揚は、幕府が崩壊すると幕府艦隊を率いて函館に「蝦夷《えぞ》共和国」という新政権を宣言、その総裁になった人である。

「北海道に新しい国をつくってみたい」という榎本の構想は、あるいは堀利熙が思い描いていたものであったろうか。

万延元年十一月五日、江戸城内の老中御用部屋で大口論があった。安藤信正と堀利熙の口論である。

口ゲンカの理由は、いまもって謎であるが、この日、堀は日本とプロシアの通商条約の草案を安藤に提出していることから、その内容が問題になったことは確かである。

草案をみた安藤は、堀を叱りつけた。なぜなら、そこにはプロシア一国だけと条約を結ぶのではなく、プロシアを盟主とするバイエルンなどの同盟国と、ハンブルグなどの同盟都市にいたるまで三十カ国の名があったからだ。

安藤は「十年後に攘夷する」と明言した手まえ、いっきょに三十カ国と国交を結べば、どんな反発がおこるか分からないと思った。

★24　堀織部正《おりべのしょう》利熙は、岩瀬忠震・永井尚志と共に〝幕臣三傑〟にあげられた人物。若いときは無頼の遊侠の徒と交わる遊び人であったが、梅の花を愛する風流人でもあった。

「プロシア一国にせよ」と安藤は厳命した。

これに対し堀は、むしろプロシアを盟主とする〝北ドイツ連邦〟と国交を開くことが、日本のためになると考えていたようだ。

そのため激しい口論が交わされたが、ついに堀は折れて退出。

その翌早朝、堀は自宅で自刃した。四十三歳であった。

この自殺に驚いたプロシア使節は、プロシア一国のみの条約締結をのんだのである。

堀の自殺は、幕臣はもちろん攘夷派にも大きなショックを与えた。

幕末維新の謎ファイル⑬

コーヒーはにがいと嫌われた幕末事情

万延元年（一八六〇）前後、横浜を中心に急速な西洋化が行われた。横浜の本牧では野口兵吾によって「パン屋」が開店。西洋草履《ぞうり》といわれた靴屋もオランダ人によって開業。

またガス灯が用いられて、その明るさに驚き、コーヒーの味のにがさに顔をしかめる者もいた。幕臣で著名な戯作者の太田南畝《なんぽ》（蜀山人）もその一人で、「焦《こ》げくさくて、味わうに堪《たえ》ず」と日記に書いている。

が、欧米の物品は珍しさと便利さのため、しだいに日本人に受け入れられていく。

攘夷を叫ぶ人もそうで、井伊直弼を襲撃したとき用いられたピストルも、水戸浪士が嫌っていた西洋のものである。

攘夷はじつは掛け声だけで、生活文化が徐々に西洋化に染まっていくのも幕末の特徴。

◆「ミソが腐った！」遣欧使節の珍道中記

攘夷の声が高まるなかで、幕府の遣欧使節団が★25、イギリスの軍艦で品川を出発した。目的は、高まる攘夷熱をしずめるために、兵庫と新潟の開港と、江戸と大坂の開市を延期してもらいたいと、イギリス、フランス、ロシアなど六カ国に要請するためである。「攘夷だ、外国人を打ち払え！」という国内の熱気をかわすために、外国に使節を送る。この矛盾に気づく者もいたが、誰も口にしない。

正使は竹内保徳《やすのり》、副使は松平康直《やすなお》で、一行は三十六名。その中には咸臨丸《かんりんまる》でアメリカに行った福沢諭吉や、福地源一郎（桜痴《おうち》）、箕作秋坪《みつくりしゅうへい》らがいた。

一行の準備が大変だった。アメリカに行った小栗忠順《ただまさ》が、「戦場に行くわけではないから、軽装で」というと「外国人の前で恥をかくわけにはいかぬ」と、鎧《よろい》や甲《かぶと》を持って行こうといいだす仕末。

食べ物も口にあわぬといけないと心配して、武田信玄直伝のミソを持参。このミソは熱暑の赤道を通っても腐らないとの太鼓判がおされたが、シンガポール近くで、ウジ虫がわいて異臭をはなったために海中に投げ捨てられた。

また軍用の草鞋《わらじ》も必要だと、千足も作らせ、先便でフランスのマルセーユに送った。これも使うことなく破棄処分された。

はじめての海外旅行に、身の回りの生活品がないと不自由すると思って、いろんな物を携行するようなもの。今も昔もたいして変わらない。

さて、日本のサムライがマルセイユに上陸。そこからパリ、ロンドンなどヨーロッパ諸国の都市を歴訪する。その姿はチョンマゲに、羽織はかまのサムライの正装。腰には大小刀をさし、ゾウリをはいていく。頭には陣笠をかぶる。

そんな集団が「われこそは日本のサムライだ」と胸を張って、パリのシャンゼリゼを行く。その姿には誇るべきものがあったと、福地源一郎は記述している。

一行を驚かせたのは、行く先々で見聞したヨーロッパ文明である。蒸気機関車が走っているが、それもトンネルの中を通っている。軍事工場では、次々と巨大な大砲がつくられ、小銃や弾丸が手品のように完成する。

さらに学校や博物館、動物園などが充実し、病院では手術がさかんで、一行は解剖にも立ちあって、その医学の進歩に目をむいた。オランダやプロシアでは、議会を傍聴し、自

★25　幕府の遣外使節は、遣米（新見正興）、遣欧（竹内保徳）、遣欧（池田長発《ながおき》）、遣露（小出大和守）、遣仏（徳川昭武）。フランス万博に行った徳川昭武は、徳川慶喜の16歳年下の弟。

由に白熱した議論に驚いている。

「しかし」と福地は思った。「こうしたヨーロッパの文明を本当に心にとどめたのは、三十余人中、わずか数人しかいないだろう」と。

福地のいうとおり、帰国後、日本にヨーロッパ文明を伝えようとしたのは、正使らではなく、福沢諭吉や箕作秋坪ら下っぱの連中であった。太平になれた幕府は上層から腐っていたのである。

幕末維新の謎ファイル⑭

トイレの殿さまにビックリした福沢諭吉

遣欧使節には、ホテルというものが頭になかった。随員は自分たちが泊る本陣近くに分宿されるものと思っていたが、部屋数六〇〇もあるホテルに泊って、ビックリ仰天。

しかしホテルのトイレには困った。廊下に設けられるトイレに入った使節の一人は、家来に行燈《あんどん》をもたせて待機させた。もちろんドアは開けっぱなし。殿さまになにか起こったとき、すぐに家来が入れるようにとの考えだ。それが日本でのしきたりだった。

が、ホテルの廊下は、いわば天下の公道だ。悠然とトイレに座る殿さまの姿は、まる見え。

これには福沢諭吉もあわてた。物もいわずドアを閉めて、家来にヨーロッパの風習を話して聞かせたという。

◆水戸っぽの〝坂下門外の変〟が政局を変えた!

水戸人の特徴は、〝三ぽい〟でいいつくされる。「理屈っぽい」「骨っぽい」「怒りっぽい」である。なにかというと、すぐ行動に移すのも、水戸人である。

こうした性格に「尊王」と「攘夷」の思想がからみあうと、その行動は過激化する。井伊大老暗殺の主役も水戸人。「鮟鱇切《あんこうぎ》り」すなわち安藤信正の暗殺を企てたのも水戸人だ。

文久二年(一八六二)一月十五日、老中安藤信正は、江戸城に登城する途中の坂下門で、水戸浪士六名によって襲撃された。

安藤の行列が坂下門にかかると、訴状を差し出すように近づいてくる男がいた。「何ごと!?」と先頭の供廻りが身がまえた瞬間、男の手にあるピストルが安藤の駕籠《かご》めがけて発射された。幸いなことに弾丸はそれたが、これを合図に左右から五人の男たちが、駕籠をめがけて殺到。が、安藤の警固は厳重である。井伊大老の二の舞にならぬよう四十五人で駕籠が固められていた。しかし、襲撃者六人は、捨て身で刀をふるい、幾度か駕籠に迫る。乱闘の最中、浪士の平山兵介の一刀が駕籠を突いた。そのため安藤は背中に三センチほどの突疵《つききず》を負ったが、命には別条ない。安藤は駕籠をすてて一人、坂下門に逃れた。

一方、襲撃者六人全員は、枕をならべて闘死。殺害計画は失敗におわった。が、安藤が襲撃されたこと自体、幕府の威信は大きく失墜したのである。

ところで、このときの襲撃者の中に、河野顕三《こうのけんぞう》という二十五歳の若者がいた。河野は下野《しもつけ》（栃木）の医師の子であったが、医学には進まず、志士と交遊した。

彼に影響を与えたのが、宇都宮藩内で尊王攘夷思想を説いていた大橋訥庵《とつあん》★26である。大橋訥庵は、この事件の黒幕的な存在であった。が、逮捕されたものの証拠がないために出獄し、五日目に変死。毒殺されたというウワサが立った。

河野顕三は、この大橋に感化されたが、なぜか外国奉行の堀利熙《としひろ》の屋敷に身を寄せていた。そして堀が割腹自殺したのは、老中安藤信正にいやしめられたからだと怒り、襲撃に加わった。河野はいってみれば、私ごとの怨《うら》みを晴らそうとしたわけでもあった。

それまでの暗殺は、公憤つまり国を憂うというものであったが、坂下門外の変以降になると、きわめて私怨による暗殺や、思いつきや勘ちがいによる殺害が多くなる。それらもすべて〝天誅《てんちゅう》〟すなわち天がくだす誅罰《ちゅうばつ》として片づけられることになる。

やがて暗殺の舞台は江戸から京都に移って、血なまぐさい〝天誅の季節〟を迎える。

★26　大橋訥庵（順蔵）は江戸に生まれ、宇都宮藩商人の日本橋の大橋家に養子となり、妻の巻子と共に尊攘思想をもつ。夫婦は坂下門事件を計画し、資金を調達する黒幕となる。

◆表舞台に姿を現した薩摩の大野望

老中安藤信正の襲撃は未遂におわったものの、幕府の求心力は急速におとろえていった。これに対して有力大名の意見が、にわかにクローズアップされてきた。

その中心になったのが、薩摩藩の島津久光《ひさみつ》だ。久光は前藩主の斉彬《なりあきら》の弟で、子の忠義《ただよし》を藩主につけて、その後見役となって藩の実権をにぎっていた。

久光の野望は、幕政を改革し、公武合体をすすめることで、いっきょに中央政界にのり出すことである。

まず幕政の改革は、安政の大獄で冷やメシを食わされている松平春嶽《しゅんがく》を大老にし、一橋慶喜を将軍後見役につけ、これによって朝廷が主張する攘夷を行なおうというもの。これはかつて斉彬が考えた一橋派による攘夷完遂というものと同じだ。

そのため公武合体は、どちらかといえば朝廷のほうに軸足をおいたもので、当然ながら久光の評判は朝廷や尊王攘夷を叫ぶ志士たちには高い。

一方、長州藩はこうした薩摩の動きに遅れてはならんと、あせった。長州は水戸と結んで、攘夷に及び腰な幕府の姿勢を変えさせようと動いていた。

しかし長州藩主の毛利慶親《よしちか》の信頼があつい長井雅楽《うた》は、「条約を破棄し攘夷することはできない。むしろ開国して日本を富ませ、世界を圧倒すべきだ」と説いて、これが藩の方針として決定された。

もちろん開国路線をすすめるためには、公武合体によって、国が一つにまとまらなければならない。幕府を中心に朝廷も協力するという、どちらかといえば幕府に軸足をおいたスタンスである。

これに対して長州の攘夷派は怒った。その急先鋒が久坂玄瑞《くさかげんずい》である。「攘夷ができない幕府にかわって、朝廷が政権の主役となるべきだ」と主張。これが公卿や長州の攘夷派の支持をうけた。

しかも薩摩の島津久光が大軍を率いて、京都に上り、さらに江戸に行って幕政を改革すると聞いて、長州の攘夷派はあせった。

「長州の手で尊王攘夷をはたす」と、薩摩へのライバル意識を燃やしたのだ。

かくて長井雅楽は、久坂玄瑞らの画策で失脚。藩の方針は一転し、尊王攘夷一色になった。主君と藩のことを考えて、幕府による積極的な開国論を主張した長井雅楽は、藩論を批判して、壮絶な切腹自殺をとげる。

さて薩摩の島津久光は、藩兵一〇〇〇人あまりを率いて、朝廷と幕府の間を調整するために、文久二年四月に京都に入った。

これを待ちうけていたのが、「攘夷をやらない幕府を倒し、朝廷が政権を樹立すべきだ」という倒幕過激派である。薩摩は有馬新七《ありましんしち》を首領に二十名、九州久留米の真木和泉《まきいずみ》、福岡の平野国臣《くにおみ》、長州の久坂玄瑞《くさかげんずい》、山形の清河八郎《きよかわ》、それに公卿の中山家に仕えた田中河内介《こうちのすけ》らである。

しかし久光には倒幕の考えはない。むしろ倒幕挙兵を叫ぶ志士たちの動きに、不快感を持っていた。志士に理解をよせているのではないかと疑われた西郷隆盛などは、ふたたび流刑にあっている。

京都に入った久光は、決断した。有馬新七らが、幕府に近い関白の九条尚忠《ひさただ》を血祭りにあげ、京都所司代の酒井忠義《ただよし》も斬って、倒幕のノロシを上げようとしている。

それが実行されれば、久光の公武調整の構想は崩れるどころか、薩摩藩は幕府の攻撃にさらされる危険がある。

「有馬らの動きを封じねばならない」

有馬新七らは大坂の薩摩藩邸にいる。大久保一蔵（利通《としみち》）を大坂にやって「暴挙はやめよ」と説得するが、有馬らは藩邸から脱出、伏見の寺田屋に入って挙行をやめる様子はない。久光は有馬らと親しい大山格之助（綱良《つなよし》）ら九人を選んで、寺田屋に差し向けた。

「説得に応じねば、上意討《じょういう》ちにせよ」

久光は九人に密命を与えた。説得がくり返されたが、やはり有馬らは聞く耳をもたない。

「やむをえぬ。上意だ！」と道島五郎兵衛が抜き打ちに田中謙助を切った。これをきっかけに薩摩藩士同士で激闘がはじまった。

〝寺田屋の変〟★27である。その結果、有馬新七ら六名が闘死、二名が負傷ののち自刃。挙兵はかろうじて食いとめられた。

★27　寺田屋での有馬新七の死は壮烈だった。有馬は道島五郎兵衛と闘ううちに刀が折れ、組み打ちに。有馬を助けようとする橋口吉之丞に「おいごと刺せ」と命じて絶命。

◆一橋慶喜の将軍後見職は薩摩と朝廷の意向だった

藩内の過激分子を封じた島津久光★28は、勅使《ちょくし》を江戸に送るよう朝廷に進言した。勅命で幕政改革をやらせようというつもりだ。

すでに安藤信正は老中を辞め、久世広周《くぜひろちか》も政権を投げ出そうとしていた。これに代わって備中《びっちゅう》松山五万石の板倉勝静《かつきよ》、山形五万石の水野忠精《ただきよ》、それに播磨《はりま》龍野五万石の脇坂安宅《やすなり》が老中になったが、いずれも小粒で、大局的に幕政をみる力量はない。

島津久光や朝廷の動きを押さえることも、牽制することさえもできない。ただ先手を打って幕府の体面を保つのが精一杯だ。

一橋慶喜や松平春嶽の謹慎《きんしん》をとき、青蓮院宮《しょうれんいんのみや》、近衛忠熙《ただひろ》らの赦免《しゃめん》を朝廷に奏上したばかりか、松平春嶽を幕政参与につけた。しかも松平春嶽の動きを押さえるために、会津二十三万石の松平容保《かたもり》を同じ幕政参与とした。松平容保はこの年（文久二年）十二月には、京都守護職として赴任することになる。

一方、島津久光の進言で勅使の大原重徳《しげとみ》が江戸に向かうことになった。久光と薩摩兵は、それを護衛するという名目で江戸に向かう。久光は薩摩藩主ではない。まったくの無位無官の私人である。その久光の行動自体、すでに前代未聞で、幕令に違反している。しかし勅使を守るという名目で、一〇〇〇人余の兵力が江戸に入ったのである。

これに対して幕府は、違反をとがめる力さえない。しかも、「一橋慶喜を将軍の後見職とし、松平春嶽を大老と同じ地位の政事総裁職につけて、幕政を運営すべし」という勅旨をしぶしぶながら、受け入れたのである。幕府の人事に朝廷が口を出したのは初めてであったが、それを幕府がのんだのも初めてのこと。

しかも来年早々に、将軍以下の幕府要人が京都に行って、朝廷をなだめようということまで決定したのである。

もはや京都の顔色をうかがわなければ、幕府はやっていけないような状態だ。

これに勢いづいたのが薩摩であり、京都にたむろする尊王攘夷の志士である。「幕府なにするものぞ。天皇を奉じて攘夷を断行するぞ」と〝尊王倒幕〟の気勢をあげた。

この時点で、尊王攘夷に〝倒幕〟が加わるようになる。が倒幕といっても明確なプランがあるわけではない。そこで狙われたのが、公武合体で活躍した公卿で、とくに和宮降嫁に動いた人物である。九条家家士の島田左近が天誅という名のもとで暗殺され、首は四条

★28　島津久光は斉彬の異母弟。母の由羅《ゆら》の策謀が破れて、藩主になれず、子の忠義を押したてて藩の実権をにぎる。公武合体論者で「討幕は西郷隆盛が勝手にしたこと」と公言。

河原にさらされたのをはじめ、そこここに天誅の嵐が吹いた。

しかも島津久光までが攘夷熱にうかされた。勅使を守り、幕閣を改造した久光は、意気揚々と京都に戻る途中、神奈川近くの生麦《なまむぎ》で行列を犯したとして、イギリス人を斬り殺したのだ。のちに薩摩がイギリスの砲撃をうけるキッカケとなる〝生麦事件〟である。

幕末維新の謎ファイル⑮

とどめを刺された〝生麦事件〟のイギリス人

生麦で島津久光の行列を侵したのは、イギリス人のリチャードソン。彼は女性を含む四人で乗馬を楽しんでいた。日本語も日本の風習もわからない。

大名行列に出会ったら、下馬することさえ知らず、片側の道を徐行しながら行列とすれちがおうとした。「引き返せ」という仕草で、馬首を転じようとしたとき「無礼者！」と斬りつけられて落馬、とどめを刺された。

他の二人は負傷、女性は髪を切られたが無傷だった。無礼討ちは日本ではあたり前だが、相手は外国人。当然、イギリスは強硬な抗議をして、軍艦十二隻を横浜に集めて幕府を威圧した。結果、幕府は十万ポンド（四十万ドル・二十四万両）を支払って、薩摩のシリぬぐいをした。

その一方、イギリスは薩摩にも犯人処刑などを要求。これを拒否された文久三年七月には〝薩英戦争〟が勃発。圧倒的な軍事力にさらされた薩摩は、攘夷の無暴を知ることになる。

◆攘夷から開国へ!? 一橋慶喜の変心ぶり

一橋慶喜が将軍家茂《いえもち》の後見職となって、表舞台に登場した。慶喜の幕政参加は、開国派、攘夷派の立場を問わずに大いに注目された。

かつて将軍候補になった慶喜だ。しかも、そのバックでは水戸をはじめ、薩摩や土佐などの有力な大藩と朝廷があと押ししている。二十六歳の若い後見人の出現で、混迷する政治は一変するかもしれない。期待が慶喜にあつまった。

一方、大老格の政事総裁職についた松平春嶽は、「国内の大勢は、条約を破棄して攘夷に固まっている。いったん条約を破棄する。が、時期をみて天下一致する積極的開国の国《こく》是《ぜ》を決議すべし」という外交方針を決めた。世論を重視して、国論の分裂をふせぐために攘夷論に立ったのだ。この方針に幕府要人はみな反対した。いまさら条約を破棄することなどできないというのである。

この春嶽の方針を老中たちに説得したのが、将軍秘書役である側用取次の大久保忠寛《ただひろ》（一翁《いちおう》）である。大久保は「政事総裁の真意はむしろ積極開国にある」と説いて、ようやく老中の了承をえた。

大久保は最後に、慶喜の意見をきいた。当然、慶喜は条約破棄、攘夷論に賛成すると思った。これまでの言動から慶喜は、尊王攘夷をかかげており、朝廷や志士たちからも支持されている。慶喜は幕府内の攘夷派の巨頭と思われていたのだ。

ところが、大久保の説明をきいた慶喜は、

「公式に外国と交わした条約は破棄できない。もし破って戦争にでもなれば、日本に非がある。このまま条約を守って、日本から進んで外国と交友すべきだ」

と春嶽の外交方針に真っ向うから反対した。意外な変心である。これに喜んだのが、真意は積極外交にある春嶽や老中である。さっそく幕府の方針は、攘夷論を排除して開国論に決まった。

が、朝廷の反応が心配である。このとき攘夷を督促する勅使の三条実美《さねとみ》と姉小路公知《あねのこうじきんとも》が江戸に向かっている。それを護衛しているのが、今度は土佐藩主の山内豊範《とよのり》である。この背後には前藩主の山内豊信《とよのぶ》（容堂《ようどう》）がいる。その容堂も土佐勤王党の武市半平太《たけちはんぺいた》（瑞山《ずいざん》）★29の工作によって動いている。

慶喜はいう。「私が京都に行って、直接、天皇に開国の必要性を説いてきます」と大ミ

★29　武市瑞山は土佐藩郷士の出身。土佐勤王党の盟主となり、佐幕開国派の吉田東洋らを暗殺、土佐藩を尊攘に導く。天誅の首謀者とみられ、のちに土佐で捕縛、入獄・切腹した。

エを切った。心配する春嶽が、「もし開国論がとおらなかったら、政権を天皇に返上する覚悟はおありか？」とたずねると、慶喜はことばをにごした。そこまでの決意はなかったのである。それは春嶽や老中とても同じであった。

そんなときに勅使が東下してくる。腰の定まらない春嶽は、世論や朝廷の反発を怖れて、またも変心し、勅使の攘夷の勅命をうけることにし、慶喜もこれに同調した。

幕末維新の謎ファイル⑯

色メガネで見られていた慶喜の立場とは？

一橋慶喜が将軍後見職になったのは、文久二年七月のこと。「叡慮《えいりょ》」つまり天皇の意思によって辞令が下された。政事総裁職についた松平春嶽も同じである。

幕府の辞令に「叡慮」という一条が入るのは幕府はじまって以来のこと。

慶喜はこれをきいたとき「幕府滅亡のもとだ」と憤ったという。

だが、幕閣や大奥の女たちは「慶喜殿が将軍後見職になれば、徳川幕府は滅びるであろう」と考えていた。

その理由は、その雄弁さで将軍や老中が押さえこまれ、そのうえ朝廷や薩摩・長州・土佐の外様大名があと押ししている。その力を背景に慶喜殿が天下をとるだろう、というものだ。

慶喜にはそんな気持ちは、まったくなかったが、尊王攘夷をかかげる水戸出身の慶喜は、なにかと色メガネで見られる立場にあった。

◆松平春嶽が幕府崩壊に拍車をかけた!?

井伊直弼の暗殺、安藤信正の負傷と幕府の重鎮《じゅうちん》が倒れて以来、幕府の勢いはめっきり弱まった。

それに拍車をかけたのが、政事総裁職についた松平春嶽★30である。これは大老と同じで、幕府の最高責任者である。しかし春嶽も越前福井藩の殿さまである。一人で決断できる人物ではない。横井小楠《よこいしょうなん》をブレーンにしたものの、すでに開明的な橋本左内《はしもとさない》を安政の大獄で失っている。

春嶽の弱腰は、生麦事件のときにみられた。薩摩の島津久光は、外国人殺傷事件を神奈川奉行所に届けていたのだが、春嶽は、

「ただちに下手人を処罰せよ」

と厳命することをしなかったのだ。この事件は大きな外交問題になると恐れた外国奉行も、「下手人を切腹させるべき」と進言するが、春嶽は決断しない。そうこうするうちに薩摩の行列は東海道を西上していった。

これがイギリスにつけ入るスキを与え、幕府の責任ではないのに、巨額の賠償金を支払うことになる。しかも攘夷派が外国人を襲ったり、公使館を焼き打ちするたびに、その尻ぬぐいもした。

そのため外国の圧力に腰が引けた幕府と思われ、そのことによってさらに攘夷熱が高まっていく。

さらに春嶽は、参勤交代《さんきんこうたい》の制度をゆるめる。大名の一年おきの江戸在住を三年に一度に改めた。それも百日間の江戸滞在でよいとした。しかも大名の妻子も国元に帰ってもよいとする。

これは画期的な大改革であったが、幕藩体制の根本をゆるがすものでもあった。これによって大名は参勤交代の財政負担が軽くなったばかりか、藩内の改革が行なわれるようになった反面、幕府への忠誠心が薄らぐ結果を招く。

春嶽は横井小楠の策をうけて、有力大名による連合政権を模索していたが、この改革はどうも諸大名のご機嫌とりでしかなかったようで、これも幕府の権威を失墜させることになった。

幕府の弱体に敏感に反応したのが、攘夷派の連中だ。たとえば長州の高杉晋作《たかすぎしんさく》である。

★30　松平春嶽は御三卿の田安家に生れ、11歳で福井30万石の藩主となる。幕末の中心人物として活躍するが、歌人の橘　曙覧《たちばなあけみ》の歌を愛するロマンチストでもあった。

春獄によって安政の大獄で断罪された人々の罪が許された。

高杉は伊藤博文《ひろぶみ》と、師の吉田松陰が葬られる千住回向院《せんじゅえこういん》で遺骨を掘りだした。その遺骨をかかえて上野の三枚橋で将軍しか通れない中央のお成橋《なりばし》を堂々と渡ったのだ。

さらに箱根の関所を駕籠に乗ったまま通過したり、京都にやってきた将軍家茂の行列に向かって、「よーっ！　征夷大将軍‼」と大声で叫んだりしている。これは高杉晋作のキャラクターもあるが、もはや幕府の権威も将軍の威光も地におちつつあったのである。

しかし幕府が解体し崩壊するまで、主に京都において、さまざまな政変や権力闘争がくり広げられる。

◆攘夷の火中に飛び込んだ将軍家茂と慶喜

文久三年（一八六三）正月、一橋慶喜は京都に入った。三月に将軍家茂が入洛《にゅうらく》するまでに、京の情勢を把握しておくためである。

が京都は攘夷熱に煮えたぎっていた。「天皇の勅命は攘夷である。その勅命をきかぬ幕府など倒してしまえ！」という倒幕論も盛んだ。そうした火中に慶喜は飛び込んでいく。

このとき慶喜は、真剣に京の尊攘派の武力弾圧を考えた。フランスの軍艦が大坂湾に入って、京都に圧力をかけるというウワサがあった。慶喜はこのウワサを利用して、京都に大軍を送ろうという作戦を立てた。

「二万ほどの兵を率いて大坂に入り、京都を守りながら、海防を固める」

慶喜はこう考えたが、松平春嶽が同意しなかったため、この作戦は実現しなかった。彼が率いたのは、わずか百数十名で、鉄砲は一〇〇挺。これでは京の武力制圧などできない。

このとき慶喜は、実家の水戸藩に兵の動員をたのんだが、「尊攘派の水戸家臣をつれて京に入ることは、火に油をそそぐものだ」と反対されて、これも断念。わずかに家老の武田耕雲斎《こううんさい》ほか八名を借りることができた。のちに慶喜の謀臣として暗躍する原市之進、梅沢孫太郎、梶清次右衛門らがこれに加わる。

京で慶喜を待ちうけていたのは、やはり「勅命を奉じて攘夷を断行せよ」という志士たちの熱気であった。その熱気は血の匂いをおびている。

二月一日、慶喜が宿所とする東本願寺に白木の三方《さんぽう》にのせられた生首がおかれていた。首の主《ぬし》は賀川肇《はじめ》という公卿千種《ちぐさ》家の家来であった。賀川は幕府に近く、井伊直弼の家臣長野義言《よしこと》と組んで、安政の大獄を仕かけた人物である。

賀川は数名の浪士に襲われ、左腕は岩倉具視の家に投げこまれ、首は慶喜に送られた。

「攘夷の勅命を守らねば、貴殿もこうなる」

という脅迫がこめられていた。こうした暴挙に怒った慶喜は、関白近衛忠熙《ただひろ》にただした。

「すべて勅命だといわれるが、こうした暴挙を天皇はご存知なのか」

孝明天皇は攘夷を勅命したが、政治は幕府が行なうものだという考えを死ぬまでもっていた。倒幕など思いもよらなかったのだ。それが天皇の命令だとして、志士たちは乱暴のかぎりを尽くしている。

その志士にかつがれているのが、三条実美《さねとみ》★31、姉小路公知《きんとも》である。志士の暴状を見かねた

★31　三条実美は、尊攘運動で長州藩と密接に手を結び、孝明天皇に「不埒《ふらち》な国賊の三条」となじられた。七卿落ちで長州から九州太宰府に逃れ、大政奉還後、朝廷に復活する。

土佐の山内容堂は、三条実美に、

「すぐに攘夷を決行することは、内外の情勢から困難である。そのことを天皇はご存知か」

と迫ると、「知らない」という。勅旨とか朝命とか叡慮《えいりょ》と志士たちが使っているが、それはすべて三条のデッチあげである。

「なぜ天皇に真実を伝えず、朝命を偽作するか！」

山内容堂がなじると、三条実美は、

「そうしなければ自分のほうが志士に暗殺される」

と答えたという。脅迫政治が京都で公然と行なわれていたのである。

容堂からこれを聞いた慶喜は、京都守護職の松平容保《かたもり》に、

「不逞《ふてい》な浪士を京から一掃せよ」

と命じた。

おだやかな性格の容保は、弾圧では京の情勢はいっそう険悪になると反対したが、将軍後見職の命令である。ついに容保は慶喜の命に屈した。

これ以来、京都は容保が所轄する新撰組《しんせんぐみ》と見廻組《みまわりぐみ》によって、志士たちと血で血を洗う凄惨な戦いの場となっていく。

三月四日、将軍家茂が総勢三〇〇〇人を率いて入京。二条城を宿所とした。三代将軍の家光が入京して以来、二四〇年ぶりである。

家茂の上洛の目的がハッキリしない。幕府の開国策は天皇の意思に反しているから、将軍みずから京に行って説明するという受け身的なものである。

幕府としては将軍が上洛することで、公武合体が成って諸問題が解決するかもしれないという考えがあった。が、松平春嶽はちがう。

「攘夷を約束することなどできないことだから、それを強要されたら天皇に政権を返上すべきです」

と勧告した。が十八歳の家茂には判断力がない。そこで慶喜は、攘夷をやるかわりに、政務を朝廷から将軍に委任するという勅命をとりつけた。この政務委任は今までどおりのことであって、幕府には何の変化もない。

それよりも攘夷断行を確約してしまったのである。約束したからには、その決行の時期が問題となる。スッタモンダしている間に、公武合体は実現しないとみた島津久光は、鹿児島に帰り、山内容堂や宇和島の伊達宗城《むねなり》も帰国。

松平春嶽も「将軍は政権を返上する覚悟で、この難局にあたるべし」といって、政事総裁職の辞表を提出。無断で福井に帰ってしまう。

かくして京都には将軍とその後見職が残され、「攘夷をいつ決行するのか」と突き上げられることになる。

三月十一日、攘夷祈願のために天皇と将軍が賀茂《かも》神社に参拝。

「よーっ！　征夷大将軍‼」

と高杉晋作が叫んだのは、このときのこと。

ついで四月十一日には、同じく石清水《いわしみず》神社に天皇が行幸《ぎょうこう》したが、これには家茂は病気との理由で欠席。代わって慶喜が同行したが、彼もにわかの腹痛のため、天皇と一緒の攘夷祈願をやめている。これは仮病という風説がとんだが、慶喜は晩年「本当に病気だった」と語っている。

いずれにせよ、とうとう五月十日に攘夷を開始すると期日を約束させられた。もともと幕府には攘夷の意思はないのだから、この日に特別な意味があるわけではない。時間かせぎである。

ところが長州藩は、この日に関門海峡を通過する外国船に砲撃、攘夷を決行したのだ。朝廷はこれをほめたたえたが、幕府には長州を叱ったり、制止する力はない。

★32　孝明天皇は、長州と結ぶ過激な公卿を嫌った。石清水行幸も本心ではなく、当日天皇は心労で目まいがして、近侍にだき起こされて参拝。やがて三条実美らの一掃を命じる。

◆新撰組は清河八郎の裏切りから誕生した

清河八郎は、[★33]諸国の志士にその名が知られた人物だ。彼は目明《めあかし》（町奉行役人の手先となる岡引）を殺害。全国指名手配になっていた。清河は文武にすぐれ、弁舌も立つ。逃亡中には尊王攘夷の志士と交わり、倒幕挙兵の相談もしている。

その清河が政事総裁になった松平春嶽に、「攘夷。志士の大赦《たいしゃ》。教育の充実」の〝急務三策〟を建言。これによって清河は、おたずね者から晴れて自由の身になった。

次に考えたのが、浪人対策である。江戸にも尊攘浪士が集まり、悪事を行なう者もいた。江戸の治安を守るために、こうした浪人たちを組織して、幕府を助け、攘夷をやらせようと提言。これがやはり幕府に認められた。

幕臣の松平主税介《ちからのすけ》と山岡鉄太郎（鉄舟《てっしゅう》）に浪士組がまかせられた。五十人の募集に三〇〇人があつまったが、多くは食いつめ組で、酒の匂いをプンプンさせる者もいた。

これを見た松平主税介は仰天して辞任。かわって鵜殿鳩翁《うどのきゅうおう》が頭取となって、二四〇人の浪士組が旗上げした。彼らは三月に上洛する将軍の警護の先兵として京都に向かった。

京都に着いた清河八郎は、態度を急変。「われわれは幕府の命令ではなく、尊王の大義に従う」といって、横浜で攘夷を決行すべきとして、浪士をひきいて江戸に戻ったのだ。

「いや、われらは幕府に従う」といって京都に残ったのが、二十四名。芹沢鴨《せりざわかも》をはじめ近《こん》藤《どう》勇《いさみ》、土方歳三《ひじかたとしぞう》、沖田総司《おきたそうじ》、藤堂平助《とうどうへいすけ》、山南敬助《やまなみけいすけ》らである。

京に残された彼らは、京都守護職・松平容保の支配下に入った。

「新撰組」の誕生である。

一方、江戸に舞い戻った清河八郎は、「幕府を手玉にとった策謀家だ」という烙印をおされて、暗殺の標的となる。文久三年四月十三日、麻布十番近くにある一ノ橋にさしかかったとき、幕府講武所教授方の佐々木只三郎《ただざぶろう》と出会った。

陣笠を脱いであいさつする佐々木に、清河もこたえようとした瞬間、同行の速見又四郎が抜き打ちをあびせた。佐々木の刀も正面から清河の首を斬りさいた。清河八郎は三十四歳。ヒョウタンからコマの新撰組を世に送り出して死んだ。浪士組はのちに新徴組《しんちょうぐみ》と改名。山形庄内藩の支配下におかれる。

一方、清河を倒した佐々木只三郎は、この功によって一〇〇〇石に加増され、やがて見廻組頭取に任命される。そして、のちに坂本龍馬と中岡慎太郎殺害の実行者になる。

★33　清河八郎は山形庄内藩郷士の出身。神童といわれ、文武両道に秀れる。真木和泉・平野国臣らと挙兵計画を立てるが、寺田屋事件で失敗。幕府内部からの崩壊を策す。

◆勝海舟、将軍家茂にヒザづめの談判をする！

「五月十日を期して、攘夷を決行する」

幕府は朝廷に約束したが、それにあわてたのが朝廷である。

「攘夷はよいが、それをすれば戦争になる。大坂湾に外国軍艦がきて、京を攻められたら困る」

と考えた。そこで将軍家茂《いえもち》に「江戸に戻らず、京都に外国人が侵攻せぬよう警護せよ」と、まことに身勝手な理屈で、家茂を拘束した。もはや将軍といえども、朝廷というヘビに睨まれたカエル同然だ。

大坂に下った家茂は、四月二十三日に軍艦奉行並の勝海舟が指揮する順動丸《じゅんどうまる》に乗って、大坂湾を視察した。この機会を待っていたのが、勝海舟だ。

勝は将軍家茂に直談判するチャンスをうかがっていたのだ。勝は、海軍の必要性を説き、兵員の養成機関の早期の設置を訴えたかった。

勝はこう説いた。

「江戸に軍艦操練所があるが、これは幕府のもの。主に幕臣しか入所できない。しかし、外国勢力を防ぐためには、強力な海軍が必要だ。外様大名の家臣でも、浪人でも自由に入れる操練所の設置こそ日本国のためになる」

つまり幕府の海軍ではなく、日本の海軍の必要性を説いたのだ。若い将軍は、これに理解をみせ、ただちに神戸に海軍操練所をつくれと命じた。

神戸海軍操練所の発足は翌元治元年五月であるが、その前に勝は、自分の私塾として「海軍塾」を設ける。ここに入塾したのが、坂本龍馬をはじめとする土佐脱藩の浪士たちである。

勝海舟と坂本龍馬らは、海から日本をとらえ、海から世界を見つめようとした。そこには尊王攘夷か佐幕開国かでわく幕末動乱を超えたものがあった（六章参照）。

勝はさらに、過激な攘夷派の公卿で有名な姉小路《あねのこうじ》公知《きんとも》が、大坂湾の視察にやってきたときも、世界の情勢を説き、海軍の必要性を語った。

これには姉小路も、すっかり感服した。彼は朝廷で勝の意見を述べたのだが、これが開国派に変節したと思われた。

五月二十日夜、御所の会議をおえた姉小路は、三条実美から数歩おくれて朔平門《さくへいもん》を出た。

三条は色白で、姉小路は色黒。そのため「白マメ」「黒マメ」と志士連中から呼ばれていた。

その黒マメに三人の刺客が襲いかかった。豪胆な姉小路は、太刀持ちが逃げてしまったので、扇子《せんす》で刃を防いだが、頭を深く斬りつけられた。この負傷がもとで二十五歳で死んだ。

現場には、刀と下駄が残されていたが、その刀が薩摩藩の〝人斬り新兵衛〟★34ことと田中新兵衛のものと分かった。彼は島田左近、本間精一郎を暗殺していた。

逮捕された田中は、ひと言もいわずノドを突いて自害した。

幕末維新の謎ファイル③

〝豚一どの〟とアダ名された一橋慶喜

文久年間、日本の世相は大きく変わった。まず幕府は、洋服調の軍服を採用。筒袖《つつ》羽織《おい　はおり》に陣股引《じんまたひき》、通称ダンブクロである。洋服の裁縫業も出現。一橋慶喜などは、ナポレオン三世から贈られたという軍服を着た。

牛鍋屋ができたのも、この頃だ。それまで牛や鶏肉などを焼いて食べていたが、獣肉食が嫌われる風習があったので、屋外で鋤《すき》にのせて焼いて食べていた。スキヤキである。食肉が流行し、慶喜も好んで豚を食べたことから、一橋と豚をかけて「豚一どの」とアダ名された。

西洋時計が多く輸入され、牛乳業がはじまった。また下岡蓮杖《れんじょう》、中島彦馬《ひこま》によって写真館が開かれるようになる。

★34　薩摩出身の田中新兵衛は〝人斬り新兵衛〟と呼ばれたが、ほかに〝人斬り〟と呼ばれたのが土佐の岡田以蔵、熊本の河上彦斎《げんさい》。いずれもその死は壮絶で、岡田も河上も斬刑。

◆「京を武力制圧せよ」小笠原長行の計画とは

一橋慶喜は、攘夷決行の二日前に江戸に戻った。慶喜はとりあえず攘夷実行を命じたが、幕閣のだれ一人として承知しない。慶喜自身もはじめからやる気はないのだから、すぐに朝廷に対して将軍後見職の辞表を出した。

その間、老中格の小笠原長行《ながみち》★35によって、

「京都を武力制圧する」

という計画が進行していた。京都にたむろする攘夷派をいっきにつぶしてしまおうというのだ。これには慶喜も賛同し、一時は小笠原といっしょに上京するとみられた。が、ここでも慶喜は、病気だとして上京を見あわせる。京都では攘夷に傾き、江戸では反攘夷につく。どうも慶喜という人は、「二心どの」ともアダ名されたように、グラグラ揺れ動く心のもち主であったようだ。もっとも「二心どの」には、いずれ将軍を倒して、自分が天下をとる野望の心があると思われてつけられたものでもある。

小笠原長行は、五隻の船に歩兵と騎兵あわせて約一五〇〇名をのせて、五月三十日大坂

に上陸。そのまま兵を率いて、すぐに京都に向かった。

ところが淀《よど》まで進軍したとき、京都にいる老中から次々と制止する使いがやってくる。それを無視して小笠原は進む。

「いま京の攘夷派を一掃せねば、外国勢力によって日本が攻められ、中国と同じように植民地にされてしまう」

小笠原の決意は変わらない。さらに進むと、将軍家茂が「入京を見あわせよ」という命令をだした。京の家茂は攘夷実行のための人質状態であった。

この命令もこばんで、なおも前進しようとしていると、朝廷は急に「将軍は江戸に帰ってもよい」という許可を与えたのである。家茂を京にとどめておけば、幕府軍の入京は阻止できないと考えたのだ。

将軍が急きょ大坂に下り、江戸に帰るとなれば、小笠原もそれに従わざるをえない。が、このとき幕府軍が京に入っていれば、その後の幕末事情は一変していたであろう。

しかし、小笠原はふみとどまった。

このとき小笠原は、姉小路公知の暗殺を聞いて、

「わが大望はつぶれた」

★35　小笠原長行は九州唐津藩主の子として生まれたが、事情があって年下の長国の世子となる。老中格で幕閣の強硬派として注目され、王政復古後は会津と五稜郭で戦う。

といったという。

姉小路は大坂湾の視察のときに、勝海舟に説得されて開国派に転じたとみられていた。そのため姉小路が朝廷で「攘夷より開国が必要だ」と説き、これに応じる形で小笠原が軍を進める、という計画があったのかもしれない。

勝海舟も姉小路が暗殺されたことを、ひどく嘆いている。もっとも勝は、このときの小笠原の行動には批判的であった。

かくして小笠原長行の計画は、将軍家茂を江戸に戻らせることができただけで、失敗におわっている。

京は依然として攘夷派の天下のままである。

四章

薩長明暗・討幕の戦雲高まる

孝明天皇は幕府と松平容保を信頼していた！

◆長州・薩摩の考えは幕府より遅れていた!?

文久三年五月十日、外国勢力を日本から追いはらう〝攘夷〟決行の日だ。

「ただし……」と、幕府は条件をつけた。

「外国勢が攻めてきたら、打ち払え」

つまり日本のほうから戦闘を仕かけるな、と諸大名に布告した。いたずらに交戦すれば、武器力ではるかに劣る日本のほうが痛い目をみるばかりか、外国に日本侵略の口実を与えかねないからだ。清国（中国）がそうであった。

ところが、この日、長州藩は、下関海峡を通過するアメリカ商船を襲撃。さらにフランス軍艦、オランダ軍艦を砲撃して、久坂玄瑞《くさかげんずい》ら尊攘派は大いに気勢をあげた。

が、六月になると、米・仏の軍艦から報復をうけて、陸戦隊の上陸までゆるして、多大な被害をうけた。

これに危機感をいだいて結成されたのが、高杉晋作《しんさく》の〝奇兵隊《きへいたい》〟★36だ。この入隊には身分は問われない。武士・町人・農民・漁民・神官・僧侶・力士……と誰でもが入れた。これは民衆の武装を無制限に認めたという点で、じつに画期的なこと。この奇兵隊がやがて長州藩を支配、それが倒幕へのエネルギーになっていく。その一方、長州藩でも「攘夷のためには、世界の事情を知らねばいかん」と考える者もいた。伊藤博文《ひろぶみ》や井上馨《かおる》らである。

彼らは横浜からイギリスに密航。すっかり外国の文明に圧倒された。

「日本は欧米相手に攘夷などできんな」

と思っていた矢先、欧米列国が長州を攻めるという情報にふれた。驚いた伊藤らは、わずか半年の留学で急いで帰国。長州藩の暴走をくいとめようとしたが、失敗。

攘夷実行の一年後の元治《がんじ》元年八月五日に、英・米・仏・蘭の連合艦隊の猛攻撃をうけて降参した。「下関戦争」がこれだ。

敵と味方の戦力を考えずに、「攘夷しなければいかん」という理念だけが先行した結果の敗北である。やがて長州はこれにコリて攘夷をすてて尊王倒幕を主張するが、どうも体質は変わらなかったようだ。

山県有朋《やまがたありとも》などは明治になって陸軍をつくるが、理念だけが先ばしる体質は帝国陸軍にうけつがれて、やがて太平洋戦争に突入。多くの国民を犠牲にして惨たんたる敗戦を招くことになる。

★36　高杉晋作は長州藩士で、吉田松陰の門人。中国上海を視察、下関の白石正一郎をスポンサーに奇兵隊を結成。維新を見ずして肺結核のため27歳で死亡。その死は惜しまれた。

この傾向は、薩摩も同じだった。生麦事件を処理しない薩摩は、文久三年七月、イギリス軍艦七隻の砲撃をうけて、その攻撃力に圧倒され、ついには講和して、二万五〇〇〇ポンド（十万ドル・六万両）の賠償金を支払った。

すでに幕府は「外国との交戦は、国益をそこなうものだ」と考えて攘夷論を排除していたが、長州と薩摩は外国勢力と戦って、はじめてこれに気づいたのである。

幕末維新の謎ファイル⑱

千両箱のために応戦が遅れたイギリス軍艦

イギリスが生麦事件で幕府から引き出した賠償金は、日本金で二十四万両。薩摩からは六万両という巨額なもの。軍事力を背景にしたイギリスのやり方は、まさに植民地主義そのものだった。

ところがこの賠償金が、イギリスをあわてさせた。キューパー提督の率いるイギリス艦隊七隻が鹿児島湾に入ったときのこと。談判が決裂した薩摩は、いっせいに砲撃を開始。これに対してイギリスも砲火に応じたが、旗艦のユーリアラス号の応戦が二時間も遅れた。それは賠償金の千両箱が弾薬庫の前に積みあげられていて、弾薬が引き出せなかったからだ。

イギリスの貪欲さは、その後もつづき、薩摩・長州に味方して幕府軍と内戦をおこさせ、そのスキに日本を支配してしまおうという野望をもっていたのだ。この狙いは防がれたが、大英帝国はこうした貪欲さの上に築かれていたのである。

◆孝明天皇は幕府と松平容保を信頼していた

とにかく京都は「攘夷だ」「夷狄《いてき》を追い払え」「赤鬼を退治せよ」と盛んだ。

「攘夷決行のため天皇は、大和《やまと》の神武天皇の墓にお参りして、みずから攘夷の先頭に立たれる」

と攘夷親征が打ち出され、ついに八月十三日には「大和行幸《ぎょうこう》」の詔《みことのり》が出された。もちろん、これは孝明天皇の意思ではなく、三条実美《さねとみ》や長州藩士の久坂玄瑞《くさかげんずい》、そして真木和泉《まきいずみ》らのデッチ上げである。

真木和泉は九州久留米の水天宮の神主で、〝今楠公《いまなんこう》〟すなわち建武の中興をやって天皇親政を支えた楠木正成《くすのきまさしげ》の生まれ変わりといわれた人物。真木の本当の狙いは、

「幕府を倒して、天皇が政権をとる」

というものだ。この真木に同調し、天皇が大和に行幸すると同時に、討幕の兵をあげようとしたのが、十九歳の中山忠光《ただみつ》を主将とする三十余名の〝天誅組《てんちゅうぐみ》〟である。

彼ら天誅組は、大和五条代官所を襲って、代官の首を血祭りにあげたものの、一転して

「天皇の意にそむいた賊軍だ」として、討伐される。

こうした攘夷親征の熱気を押さえこんだのが、薩摩である。薩摩は「朝廷の意思がすべて長州によって動かされ、支配されている」と不快感をもっていた。

「長州は朝廷を利用し、毛利《もうり》幕府を作ろうと狙っているのではないか」

と疑った。そこで孝明天皇の信頼あつい京都守護職の会津の松平容保《かたもり》と手を組んだ。

薩摩の高崎佐太郎（正風）が、会津の秋月梯次郎《ていじろう》（胤永《たねなが》）と密談。ここに「会薩《かいさつ》同盟」が結ばれた。薩摩は長州をライバル視したが、長州をつぶすことで、薩摩はいっきに政局の指導権をにぎり、あわよくば「島津幕府をつくる」ということも当然考えていた。

いわば、この時期の長州と薩摩は、尊王攘夷といいながらも、自分たちの狭い〝藩意識〟の中でしか日本を考えていなかったのだ。

よく〝憂国の志士〟と尊王派は賞讃されるが、その〝憂国〟は自分の藩（国）をどう盛り立てるかというもので、世界の中の日本という国家のあり方に対する思想は欠落していた。ここに薩長の主導で行なわれた明治維新と、それにつづく天皇制国家の不幸があった。

いずれにせよ薩摩は、京において軍事力をもつ会津と組むことで、長州勢力の一掃を策した。大和行幸はもとより孝明天皇の意思ではない。天皇はあくまでも攘夷を考えたが、それを行なうのは幕府であって、自分や朝廷ではないと思っている。会津の松平容保への信頼もそこにあった。

この天皇の意思を確かめた中川宮《なかがわのみや》（朝彦親王・青蓮院宮・のちの久邇宮《くにのみや》）と前関白の近衛忠熙らは、「会薩同盟」と連動して、朝廷内の長州よりの公卿たちの一掃をはかった。

文久三年八月十八日、御所の正面の堺町門を守っていた長州藩は、その警護の役を解かれ、薩摩藩がこれに代わった。また三条実美ら長州よりの公卿は、御所を固める会津藩兵らによって参内を阻止された。「八・一八クーデター」である。

堺町門の内と外では、会津・薩摩兵と、長州兵が睨み合い、殺気にみちた一触即発の状態である。このとき、

「長州はすみやかに京を退去せよ」

という勅命が下った。また、

「十八日以前の勅命は偽勅である。この日以後の勅命こそ朕《ちん》（天皇）の命令である」

という孝明天皇のことばが出された。勅命とあれば〝尊王主義〟の長州藩は従わざるをえない。やむなく長州藩士は、三条実美ら七人の公卿を守って長州に退いた。〝七卿の都落ち〟★37である。このクーデターは、将軍家茂もその後見職の慶喜も京都にいないときに行

★37　七卿落ちは、三条実美・三条西季知・東久世通禧・壬生基修・四条隆謌・錦小路頼徳・沢宣嘉の7人の公卿。官位を奪われた一行は、長州や九州の太宰府に滞在した。

なわれたもので、これによって薩摩はいちやく政局の中心となったが、幕府はカヤの外。会津中将といわれた松平容保の名声は高まり、孝明天皇の信任はいよいよ深くなったものの、容保には政治的野心などない。

そのため松平容保は、薩摩・長州の策謀と、慶喜のコロコロと変わる政策に踊らされて、五年後の戊辰《ぼしん》戦争では、「朝敵第一」とされるのであった。

幕末維新の謎ファイル⑲

〝逆賊〟の汚名をきせられた松平容保の忠心

京都守護職の松平容保は、美濃高須三万石の生まれで、十二歳のときに会津松平家の養子となる。兄たちは尾張徳川家（慶勝《よしかつ》）、石見浜田の松平家（武成）、一橋家（茂栄）、弟が伊勢桑名の松平家（定敬《さだあき》）を継いでいる。いずれも容姿が美しかったために、名家から養子に望まれた。

十八歳の嘉永《かえい》五年、会津二十三万石の藩主となり、家祖となる松平（保科）正之《まさゆき》（三代将軍家光の弟）の家訓である「将軍に生死をささげる」を忠実に実行した。

孝明天皇の信頼もあつく、容保は病身をおして、それにこたえた。

やがて鳥羽・伏見の敗戦。逆賊の名をおそれる慶喜によって江戸を追われた容保は、会津で薩長軍と戦って敗北。最後まで徳川将軍に身命をささげた。

〝逆賊〟となったが、孝明天皇から送られた感謝の手紙を終生大切に身につけていたという。

◆薩摩が開国、幕府が鎖国!? ネジれた政局

政治には、どうも嫉妬という感情がつきまとうようである。薩摩が会津と手を組んだのは、朝廷に密着する長州が政局の主導権をにぎることを恐れたからである。

この主導権をめぐる争いをかきたてたのが、嫉妬という、やっかいな感情だ。「八・一八クーデター」では、まったくカヤの外にあった幕府も、この嫉妬に狂った。

「こんどは薩摩が朝廷を思うように動かして、将軍にかわって天下をとるのではないか」

という猜疑心《さいぎしん》が、幕府内におこったのだ。

島津久光は一万五〇〇〇と自称する大軍を率いて大坂と京都に入り、長州にかわって、政局の主導権をにぎった。久光は、

「公武合体によって、開国貿易を行なう」

という方針を確立しようとした。

これに賛同したのが、公武合体派の同志というべき松平春嶽、山内容堂、伊達宗城らである。彼らは京都に集まった。これに江戸に戻っていた一橋慶喜もよばれて、「参与《さんよ》会議」

が運営される。

この参与会議の位置づけが、まったくアイマイであった。幕府と別の組織であるが、朝廷と結びついて、あたかも幕府より上の権限をもつ機関のようである。

かといって、幕府に命令できる組織体でもない。一橋慶喜と松平容保が参与になっているが、幕府を代表しているわけでもない。

これが江戸にいる幕閣に猜疑心をもたせた。

「一橋殿は、島津久光と朝廷のあと押しで将軍後見職になったお人。薩摩や朝廷に近い動きをするにちがいない」

それならば幕府が朝廷と天皇の意向を、素直に実行すれば、薩摩の主導力もくいとめられ、一橋慶喜の暴走も防げるはずだ。

かくして幕府は、開国交易の方針をあらため、天皇が考えている〝鎖港〟方針を打ち出す。鎖港は、これまで外国に開いていた横浜などの港を閉じることで、〝鎖国〟への逆戻りである。

薩摩に政治の主導権をとられたくないために、幕府は一八〇度の方針を転換したのだ。

「薩摩の開国説に対して、幕府は鎖国でいこう」

と老中たちが討議決定した。

京によばれた一橋慶喜は、はじめはもちろん参与会議の方針である「開国」を支持し、さらに、

「無謀な攘夷は朕《ちん》が好むものではない」

という孝明天皇の考えを引き出している。

ところが、将軍家茂が元治元年（一八六四）正月、ふたたび上京し、幕府の方針が「鎖国」になったと知るや、慶喜は参与会議の[★38]「開国」方針を否定したのだ。

かくて参与会議は分裂し、慶喜は公武合体派の雄藩の支持を失ったばかりか、その変節ぶりに幕府内部からも白い目で見られるようになる。

三月、慶喜は将軍後見職を辞任した。

★38　慶喜は幕府の鎖国策を支持。薩摩寄りの中川宮邸に島津久光・松平春嶽・伊達宗城をつれて押しかけ、その場で3人を「天下の大愚物・大奸物」と罵《ののし》り、参与会議を解体した。

◆新撰組――テロが許された〝公安警察〟の底力

一、士道に背《そむ》くこと。
一、局を脱すること。
一、勝手に金策すること。
一、勝手に訴訟を取り扱うこと。
一、私の闘争をすること。

どの一条を破っても、すぐに「切腹」というのが、新撰組の掟《おきて》（「局中法度《はっと》」）である。内部の統制をきびしくしながら、外に向かって蛮勇《ばんゆう》をふるう。新撰組の恐ろしいまでの力は、この掟によって発揮される。

新撰組は、清河八郎による浪士組の京都残留者によって結成された。発足時の局長は、水戸浪士の芹沢鴨《せりざわかも》と新見錦《にいみにしき》、それに江戸で試衛館の道場主だった近藤勇《いさみ》★39の三人。

副長には山南敬助《やまなみけいすけ》と近藤のフトコロ刀である土方歳三《ひじかたとしぞう》。助勤には沖田総司《おきたそうじ》、永倉新八《ながくらしんぱち》、藤堂兵助《とうどうへいすけ》、井上源三郎《げんざぶろう》、斉藤一《はじめ》、山崎烝《すすむ》らである。

京都守護職の会津藩預りとなった新撰組は、尊攘志士が荒れくるう京の治安をまかせられたが、局長の芹沢鴨らの水戸浪士の乱行のほうが京の人をふるえあがらせた。

そのため、まず新見錦が勝手に金策したとして、切腹。さらに金を強要したり、酒乱であばれる芹沢鴨らに対して、会津藩はマユをひそめて近藤勇に、

「芹沢一派を処分せよ」

と密命。文久三年九月十八日夜、泥酔する芹沢鴨と平山五郎を殺害した。刺客は近藤派の土方歳三、沖田総司、原田左之助、井上源三郎である。この粛清によって、近藤は新撰組の実権をにぎり、土方歳三の知謀と沖田総司の剣によって支えられることになる。八・一八クーデターをさかいに、長州を主力とする尊攘派の乱行はしずまり、かわって京に登場したのが市中取締りを命じられた新撰組である。このとき幕府から守護職をとおして、
局長・大御番頭取扱《おおごばんとうどりあつか》い＝月五十両。

副長・大御番組頭扱い＝月四十両。

助勤・大御番組扱い＝月三十両。

隊士・大御番組並＝月十両。

の資格と給金が決定した。大御番頭取は、合戦のおりには将軍の御先手となるもので、

★39　近藤勇は武蔵多摩郡の農民の子として生れ、天然理心流の近藤周助の養子となり、試衛館を継ぐ。新撰組が「壬生《みぶ》浪《ろう》」と呼ばれたのは、京の壬生に屯所《とんじょ》があったから。

五〇〇〇石から一万石の武将だ。登城するときは、駕籠にのらず馬である。「常在戦場」の心がまえだ。近藤勇はこの大御番頭取になったが、「扱い」がつく。これは正式な幕臣としての職ではないが、それに準じるというアイマイなもの。

が、事実上は幕府が公認したテロを許される〝公安警察〟といったところだ。

その新撰組の名をいちやく天下にとどろかせて、尊攘志士たちをふるいあがらせたのが、元治元年（一八六四）六月五日の〝池田屋事件〟である。

幕末維新の謎ファイル⑳

新撰組隊士の主な鬼籍簿

〔文久三年〕芹沢鴨、新見錦、平山五郎、野口健司、荒木田左馬之輔、楠小十郎、御倉伊勢武、佐々木愛次郎、佐伯又三郎ほか。

〔元治元年〕深沢栄助、安藤早太郎、新田革左衛門、松山幾之助、大村安宅ほか。

〔慶応年間〕山南敬助、石川三郎、松原忠司、浅野薫、河合耆三郎、谷三十郎、武田観柳斎、田中寅蔵、伊藤甲子太郎、藤堂平助、毛内有之助、服部武雄、宮川信吉ほか。

〔明治元年〕（鳥羽・伏見の戦い）井上源三郎、宮川数馬、和田十郎、桜井数馬、吉村貫太郎、山崎蒸ほか。（甲府～会津の戦い）近藤勇、清原清、原田左之助、沖田総司、加藤定吉ほか。

〔明治二年〕土方歳三、青木文之進、粕屋十郎、栗原仙之助、津田丑

◆〝池田屋事件〟は六人対三十人の死闘だった

八・一八クーデターで尊攘志士たちは、地下に潜ったが、京都の失地回復をひそかにうかがった。京の三条木屋町の古道具商に変身していた古高《こだか》俊太郎もその一人。新撰組は古高を捕えて拷問にかけると、

「風の強い夜に、御所に火をかける。急をきいて参内する中川宮と松平容保を討ち、ほかの佐幕派の大名や公卿も殺害し、この混乱に乗じて天皇を長州に移す」

という恐るべき計画を白状した。この打ち合わせのために六月五日夜、三条のあたりで志士が集合するという。内偵すると三条小橋近くの池田屋と四国屋が怪しい。

近藤勇はこれを京都守護職と所司代に報告。応援をたのむ一方、土方歳三に二十八名をつけて四国屋に、自分は六名をつれて池田屋に向かった。

池田屋には、長州の桂小五郎（木戸孝允）、吉田稔麿《としまろ》、杉山松助、肥後《ひご》の宮部鼎蔵《みやべていぞう》、土佐の北添佶麿《きたぞえきつまろ》、望月亀弥太ら、およそ三十人が集合していた。

午後八時に新撰組と会津藩兵がいっしょに襲撃する手はずであったが、なぜか会津は来

ない。しびれをきらした近藤は午後十時に、わずか六人で池田屋に突入。二時間におよぶ激闘を展開。やがて四国屋には誰もいないとわかった土方勢が池田屋にかけつけた。会津藩が応援にきたのは、死闘が終わりかけたとき。

この戦いで、吉田稔麿、宮部鼎蔵ら七名が討死、二十三名が逮捕された。桂小五郎は、早く来すぎて、いったん帰ったために難をまぬがれた。

近藤勇は、この戦いのすさまじさを、多少自慢をこめて、こう手紙に書いている。

「二時間の戦闘で、永倉新八、沖田総司、★40 藤堂平助の刀は折れ、刃がなくなった。倅《せがれ》の周平の鑓《やり》が切り折られたが、自分の刀は名刀の〝虎徹《こてつ》〟であったから無事だった」

新撰組の死者三名。このとき沖田総司は持病であった肺病が悪化し、戦闘中に喀血して倒れた。沖田は刀をとっては、だれにもひけをとらない名手であったが、病気には勝てずに療養する身となり、やがて幕府滅亡をみて江戸で病死。二十五歳とも二十七歳ともいう。

事件の舞台となった池田屋は、いたる所に鮮血が飛びちり、切り落とされた指や手足がころがり、肉片が天井などにへばりついていたという。この奮闘で新撰組の存在はいっきに高まった。この事件に激怒したのが、長州である。京都を追われて十カ月。もう幕府のやり方にはガマンならないと京都に向けて出陣する。

★40　沖田総司は今も若い女性ファンが多い。9歳のとき試衛館に入り、近藤勇と出会って剣に磨きをかける。剣は実践的で近藤も勝てないといわれるほどの使い手であった。

◆孝明天皇をふるえ上がらせた長州藩の御所攻撃

池田屋事件に怒った長州は、まず来島《きじま》又兵衛が先発、つい家老の福原越後《えちご》、国司信濃《くにししなの》、益田右衛門介《うえもんのすけ》が京に向かう。

これに久坂玄瑞《くさかげんずい》、真木和泉《まきいずみ》らの過激派が加わり、さらに京に潜伏していた志士らが合流。

彼らは山崎・伏見・嵯峨に陣取り、「藩主毛利公の罪と京を追われた公卿を許してほしい」と願い出た。聞き入れられねば、武力によって朝廷を支配しようというもの。

七月十八日夜、嵯峨にいた国司信濃・来島又兵衛が率いる部隊が御所をめざして進軍。さらに山崎と伏見からも長州勢が京に入った。禁門の変である。

このとき京都守護職の松平容保《かたもり》は、病気をおして参内、天皇の前にひれふして、「誓って玉体《ぎょくたい》（天皇）を守護し奉る《たてまつ》」と奏上。一橋慶喜もかけつけて、恐怖にふるえる天皇の身辺を固めた。★41 慶喜は将軍後見職を辞めたあとは、禁裏守衛総督《きんりしゅえいそうとく》という御所を守る職についていた。これは幕府から任命されたものではなく、朝廷の辞令である。

慶喜は徳川将軍家の一門でありながら、公職は朝廷の一員である。こんなところにも、混乱する幕末のネジレ現象がみられる。

尊王派の長州が御所を攻める。これもネジレである。長州勢は中立売門《なかだちうりもん》から蛤《はまぐり》御門に攻め入る。これを防いだのが、会津と薩摩だ。薩摩軍の中枢には、西郷隆盛がいて、攻撃の指揮にあたっていた。長州兵が公卿屋敷に入って抗戦したため、慶喜はこれに火をかけさせた。これが慶喜がその生涯で行なった、たった一度の実戦となる。

この兵火は、蛤御門周辺が激戦のため、延焼するにまかせた。そのため十九日と二十日、さらに二十一日まで火災はつづき、家屋二万八〇〇〇戸、公卿屋敷数十家が焼失した。

この戦いで来島又兵衛はじめ多くの長州人は討死、久坂玄瑞は自決。真木和泉は同志十六名と天王山にのぼって、立てこもったが、「もはや、これまで」と覚悟して自刃。天王山には米一〇〇〇俵と金三〇〇〇両の軍資金があったという。

このときの兵火は、六角獄《ろっかくごく》にも迫った。ここは安政の大獄以来の政治犯の獄舎になっていた。平野国臣《くにおみ》や古高俊太郎など天誅組や池田屋で捕縛された者もいたが、この囚人を解き放てば虎を野に放つものだと、京都奉行滝川具誉《ともよ》は考え、「破獄を企てた」として三十三人を殺害。

この暴断に松平容保は滝川を呼びつけて、「不正義だ」とひどく叱ったという。

★41　禁門の変で慶喜は、中立売門に面した菊亭卿の屋敷から出陣。一橋兵は総勢800人余。午前6時に始まった戦闘は昼には終わった。この戦いで活躍したのが西郷隆盛の薩摩兵。

◆西郷隆盛は勝海舟との対面で討幕を決意した！

「長州を討て！」

孝明天皇はついに長州藩追討を一橋慶喜に伝えた。これに応じて幕府は西国二十一藩に出兵を命じ、総督に前尾張藩主の徳川慶勝《よしかつ》が任命された。

この徳川慶勝は松平容保《かたもり》の兄である。また京都所司代に任ぜられた伊勢桑名藩主の松平定敬《さだあき》は容保の弟である。

ちなみに、この三人の実父は、美濃高須藩の松平義建《よしたて》で、水戸家七代治保《はるやす》の孫にあたる人。そのため一橋慶喜を加えると、この時期の京都には奇《く》しくも水戸の血を引く人が、幕府の要職についていたことになる。

さて、この長州征討軍の参謀になったのが、薩摩の西郷隆盛である。西郷は逆賊の長州を倒して、幕府内における薩摩の立場を強化したい、という愛藩意識にもえていた。

こんな西郷の前に現れたのが、軍艦奉行になっていた勝海舟だ。のちに二人は江戸城開け渡しで会談するが、その三年半前に初対面している。

勝海舟は幕臣でありながらも、こう西郷隆盛に説いた。

「いまや日本国内で争うときではない。幕府にはもはや日本をまとめる力はないから、幕府に代わって有力大名による共和政治を行なうべきだ」

これには西郷がびっくり仰天。薩摩という藩に立って日本を考える西郷は、「幕府を倒すしかない」という意見が幕臣から出るとは考えてもいなかった。

この対面をキッカケに西郷は、日本の将来を考え、討幕も射程に入れることになる。

西郷は勝を評していう。

「まことに驚いた人物だ。話を聞いて頭が下った。英雄肌の人とは勝のことだ」

が、勝海舟の幕臣として立場をこえた考え方は、幕府首脳から睨まれていたのだ。

さて征長（長州征伐）軍が★42発せられると、長州藩内は大きく動揺、ついには禁門の変の責任者として国司信濃ら三家老らを切腹させ、恭順《きょうじゅん》を示した。

西郷隆盛は、徹底的に長州をたたくことを主張したが、幕府は恭順を認めた。このとき西郷は勝のいうように幕府の衰退を実感したのであろう。やがて、討幕に傾き、あれほどライバル視した長州と同盟することになる。

この第一次征長の最中、武田耕雲斎《たけだこううんさい》を大将とする水戸藩の天狗党《てんぐとう》八〇〇名が京都に向か

★42　第一次征長の総督は尾張の徳川慶勝、副将は越前の松平茂昭《もちあき》。2人は広島と小倉に出陣したが、諸藩の足並みがそろわず、長州藩の恭順で兵火を交えることはなかった。

った。天狗党は水戸の尊攘派で、筑波山で挙兵したが、幕府と水戸藩に追討されていた。天狗党は京都に上って、禁裏《きんり》守衛総督の一橋慶喜に尊王思想を訴え、朝廷と天皇を守りたいと考えた。が、慶喜は逆に天狗党を討つために出兵したため、武田耕雲斎らは加賀藩に降伏。三七六人が斬罪された。慶喜は水戸人を助けることなく、見殺しにしたのである。

幕末維新の謎ファイル㉑

水戸天狗党は一橋慶喜に見放された！

水戸藩の藤田小四郎は、尊王攘夷をかかげて筑波山《つくばさん》に挙兵。これに対して水戸藩の保守派は幕府軍とこれを鎮圧しようと藩内で激戦した。

局面を打開するため、武田耕雲斎《こううんさい》を大将とした天狗党は、水戸から京都に進発。その数約八〇〇名。一行は信濃路をへて美濃路へ入り、やがて越前福井に向かう。京への路は大垣や彦根藩兵にふさがれており、しかもあろうことか最も頼りにしていた一橋慶喜が、自分たちを討伐するために京を進発したという。

絶望した天狗党は、ついに加賀藩に降伏、敦賀のニシン小屋に閉じこめられた。慶応元年（一八六五）二月、武田耕雲斎、藤田小四郎ら三七六名が処刑され、水戸においても五十名近くが死刑となった。

この処分で水戸藩の力はそがれて、幕末および明治に活躍する人材はいなくなった。

◆維新回天の第一声は高杉晋作の出撃命令だった

「禁門の変」で破れ、イギリスなど四カ国の連合艦隊に攻められ、しかも朝廷から討伐令が下された長州は、まさに泣きツラにハチである。

やむなく連合艦隊と講和し、朝廷と幕府に「ゴメンナサイ」と頭を下げたが、これに反発したのが、高杉晋作である。

高杉はすでに上海を視察して、欧米の力をみている。急きょイギリスから帰国した伊藤俊輔《しゅんすけ》（博文《ひろぶみ》）と井上聞多《もんた》（馨《かおる》）も欧米列強との戦争の不利を知っている。

高杉と伊藤、井上は、長州藩の責任者というふれこみで、イギリス軍艦に乗りこんで、講和をとりつけた。

「もう攘夷は時代おくれだ。日本をまとめるために幕府を倒して、開国しよう」

高杉はそう決心した。元治元年十二月十五日、長府功山寺《こうざんじ》にいる三条実美《さねとみ》らを訪ねて、

「これから長州男児の胆っ玉をお見せします」

と叫んで、雪の降りしきる門前に並んだ遊撃隊、力士隊の八十人に出撃命令を下した。

維新回天の第一声である。

奇兵隊は高杉がつくったが、このときの隊長は赤根武人で、副隊長は山県狂介（有朋《ありとも》）だ。挙兵に同調しない赤根を倒した山県は、

「高杉さん、わしも挙兵する」

と奇兵隊を動かした。

この挙兵の主体は、藩兵ではなく農民や職人たちである。高杉らは快進撃をつづけて、長州海軍の三隻を奪ったばかりか、ついには長州藩の実権をにぎった。

「幕府が再び攻めてきても、撃退するぞ」

と、それまで幕府に追われて逃亡していた桂小五郎（木戸孝允）が決意。大村益次郎《ますじろう》に洋式兵法をまかせる一方で、西洋銃や軍艦の整備にとりかかった。

だが、それを輸入する手段がない。そこに登場したのが坂本龍馬だ。龍馬は、長崎の海《かい》援隊《えんたい》★43で兵器や軍艦の仲介を行なっていたので、薩摩の名義で長州に武器を買ってやるという提案をした。

これをうけたのが西郷隆盛である。すでに西郷は、勝海舟の「もう幕府ではダメだ。雄藩連合による共和政治で日本をつくるしかない」という説に同調。大久保一蔵（利通《としみち》）も

★43　海援隊は坂本龍馬が長崎の亀山で結成した海軍と貿易の組織。はじめ亀山社中といったが、土佐藩に属すると海援隊と改名。主に薩長のために武器や船舶の仲介にあたる。

これに賛成していた。

が、薩摩と長州はライバル同士で、長い間敵対している。その敵対関係を解消しなければならない、と思っていた矢先に、坂本龍馬の提案である。

「薩摩が武器を買ってやる代わりに、長州は米を薩摩に」

と商談はまとまった。

これが半年後の〝薩長同盟〟の布石となったのだ。

勝海舟と坂本龍馬の師弟は、立場はちがっていても、薩摩と長州を開国論に向かわせ、討幕のために手を結ばせた陰の仕掛人であった。が、そんな長州の動きを幕府は許さない。

「長州を再び討つべし」

との声が上がった。

◆「私は将軍を辞める。あんたがやればいい」

ひそかに長州と薩摩が接近しているとき、幕府の足並みはそろうどころか、乱れっぱなしである。

長州を再び攻めようと、将軍家茂が大坂城に入ったものの、薩摩はじめ諸藩の反対の気運が強く、四カ月も動きがとれない。

ようやく京にいる一橋慶喜の努力で、再征の勅許《ちょっきょ》が出るまでにこぎつけたが、その直後、とんでもない問題がおこった。

「兵庫港を開港するという条約を守れ」

と、英仏蘭の九隻の軍艦と四ヵ国の公使たちが、大坂湾にやってきたのだ。

「幕府がダメなら、京都に乗りこむぞ」

という姿勢だ。外国が朝廷と直接交渉したら、幕府の面目はまるつぶれだ。四カ国と交渉したのが、老中の阿部正外《まさとう》で、陸奥《むつ》棚倉《たなくら》十万石の藩主だ。阿部正外は、同僚の老中松前崇広《たかひろ》（松前藩三万石）と協力して、幕府の独断で兵庫開港を決めた。

これに怒ったのが禁裏《きんり》守衛総督の一橋慶喜である。

「いま朝廷を無視して外交を処理すれば、朝廷の大反発と薩摩などに足をすくわれる。勅許をうけるべきだ」

と大坂城にかけつけて主張。将軍の目の前で激しい論争がかわされた。

そのあまりの激しさに、家茂は思わず泣きだして、

「もう、どうにでもいたしてくれ」

といいだす騒ぎになった。この問題は、四カ国側が「勅許をうけるまで待つ」と譲歩したため、先送りになったが、幕府側と慶喜のシコリは深くなった。

「阿部正外と松前崇広の老中を辞めさせよ」

慶喜は朝廷にはたらきかけて、勅令をとりつけた。これに激怒したのが、大坂城の幕閣たちだ。

「将軍の家来を天皇が任免するのは、将軍の権力を否定したもの。すみやかに将軍を辞職すべきだ」

という強硬論が大勢を占めた。★44
家茂はそれに従って辞表を書いた。

★44　家茂に将軍辞職を勧めたのが外国奉行の山口直毅、目付の向山一履ら。彼らは小栗忠順、栗本鋤雲と共に親フランス派幕臣で、諸藩を廃し幕府による中央集権国家を構想する。

「無能ゆえに、その任に耐えず。後任には私の一族の有能な一橋慶喜がよろしい」

というもの。

将軍が辞表を書くのも前代未聞であるが、自分が無能だと卑下して、慶喜こそ有能な人物だと皮肉をこめて推挙するのも、前例がない。もうこうなれば、意地のサヤ当てで、かんじんな政策も政局もない。

もはや将軍家茂も慶喜も、それに幕閣も泥の船に乗ったも同じである。

これに閉口した慶喜は、一転して将軍をなだめて、条約の勅許を受けようと奮闘。とうとう徹夜の会議で、疲れはてた公卿を説得して、ついに勅許を手にした。

このとき慶喜がいちばん恐れていたのは、薩摩である。朝廷は幕府に代わって、薩摩に外交交渉をさせる動きがあった。そんなことをやられれば、もはや政治の主導権は幕府をはなれて、薩摩に移ってしまう。

慶喜は体をはって、それを阻止しようとしたのだ。

が、幕府の要人たちは、そんな慶喜を、

「朝廷と薩摩に肩入れする危険な人物だ」

とみていた。努力してもむくわれない慶喜の不幸はまだつづくが、そんなことに頓着しないのも彼の特徴だ。

幕臣で勘定奉行の小栗忠順《ただまさ》は、慶喜が初めて京都に行こうとしたとき、

「慶喜公が京都に上られれば、攘夷派はますます勢いをえて、政治は大混乱するだろう。慶喜公を京に向かわせるなら、まずこの小栗の首を刎《は》ねたうえでなされよ」

と反対したことがある。父の徳川斉昭の教えをうける慶喜は、必ず朝廷側に立って幕府をないがしろにするだろうと予感されていたのである。

その小栗忠順は、慶喜とはまったくちがう角度から日本を不幸にしようとしていた。それは長州を倒すには、強力な武器が必要だとして、それをフランスの援助をうけて近代化をはたそうとした。フランスは幕府に味方することで、日本を間接支配しようと考えていたのだ。

一方、イギリスは薩摩と長州に武器を与えて討幕をやらせることで、日本への発言力を強めようとした。

これを見破っていたのが勝海舟で、

「イギリスは飢えた虎なり、フランスは飢えた狼なり」

と、その野望を警告しつづけたのである。

◆坂本龍馬が西郷隆盛と桂小五郎を叱る！

「長州を討つ」といって将軍家茂が大坂にやってきたものの、諸藩の足並みはそろわない。「長州再征すべし」との勅書が下ったが、年が明けた慶応二年になると、あれほど長州征伐を主張していた薩摩の動きがおかしくなった。

というのも、この正月二十一日、薩摩と長州は、坂本龍馬の仲介で「薩長同盟」の密約を結んだからだ。

場所は京都の薩摩藩邸。そこに龍馬から促された長州の桂小五郎（木戸孝允《たかよし》）が品川弥《や》二郎《じろう》らと、ひそかに入った。

すでに長州は龍馬の口ききで、兵器を薩摩経由で輸入している。が、このことだけで両者がすっかり信頼しあう関係になったわけではない。

これまで長州は、ことごとく薩摩の策謀にふりまわされていたばかりか、会津と組んだ薩摩によって〝朝敵〟にさえされている。

「薩賊会奸《さつぞくかいかん》」――薩摩と会津は長州にとって賊奸だという憎悪の炎がもえている。

が、いま孤立無援の長州にとって、薩摩の協力をえることは、起死回生の策だ。それを知る桂小五郎らは、京の薩摩藩邸に入った。

一方、薩摩の西郷隆盛と小松帯刀《たてわき》は、桂らを連日の酒宴でもてなすが、かんじんの同盟話は、どちらからも切り出さない。西郷らは、

「長州が薩摩をたよってきたのだから、長州からいいだすべきだ」

と思っている。これに対して桂も、

「長州は薩摩の策謀で朝敵にされている。薩摩のほうこそワビを入れて、同盟を申し込むべきだ」

というメンツの火花が十二日間も散っていた。そこにひょいと顔を出したのが坂本龍馬だ。てっきり同盟が成立しているとばかり思っていたのだ。ところが桂は、

「もう薩摩にはたよらぬ。明日には帰国する」

という。龍馬はこのとき、生涯でたった一度だけ激昂した。

「この日本を救うための薩長同盟ではないか。子供じみた私情は捨てろ‼」

と全身をふるわせてどなった。これには桂は圧倒された。龍馬はただちに西郷にも会い、同じ怒りをぶつけながら、

「大局に立って日本の将来を考えよ。いまは弱い長州に手をさしのべて、日本を救え」と説得した。欲もなく、無心で迫る人物に、西郷は弱い。

「わかった。さっそく薩摩のほうから同盟を申しいれよう」

となった。

西郷と桂は六カ条からなる薩長同盟★45を結んだ。

①幕府と開戦となれば、薩摩藩兵二〇〇〇名を上京させ、京と大坂を固める。

②長州が勝利したときは、薩摩が朝廷に口をきいて尽力する。

③敗北しても二、三年は長州は持ちこたえて、その間に薩摩は尽力する。

④現状のまま幕府兵が引き上げれば、薩摩が朝廷に長州の無実の罪をとく。

⑤兵を京へ送る以上、一橋・会津・桑名などが朝廷を味方につけてわれらの正義をこばんだときには、決戦に及ぶしかない。

⑥無実の罪がとけたら、両者は誠心を尽くし一緒になって、皇国のために身を砕く。

この薩長同盟は、これまでの観念的な倒幕論ではない。薩長が協力して、朝廷を味方につけながら倒幕するという具体性がある。しかも、皇国日本という考え方に立って、外国に対抗できる統一国家へ進もうというものである。

★45　薩長同盟が成立する直前、坂本龍馬は大坂で大久保忠寛（一翁）に会って、幕府の内情を探った。大久保も勝海舟同様に慶喜に嫌われたが、幕府の行末を冷静に考えた人物。

「もはや幕府でも、薩摩や長州でもない。新しい日本をきずくのだ！」

これは勝海舟や坂本龍馬が以前からいっていたものだが、薩長はようやくこれに立ったのだ。このことは幕府も朝廷もまだ知らない。

この薩長同盟が成った直後、伏見の寺田屋にいた龍馬は、伏見奉行所の捕り手に襲撃された。このとき龍馬を助けたのが、寺田屋のお龍であった。二人は追跡をのがれて薩摩に行き、霧島の温泉に遊んだ。これが日本ではじめての新婚旅行となる。

幕末維新の謎ファイル㉒

寺田屋襲撃！ピストルで応戦した龍馬

龍馬の最大の魅力は、明るさ、自由さ、発想の豊かさにある。

志士の多くが、どの刀がよいかと論じていると、「これからは、これさ」といってピストルを懐《ふところ》から出した。「そうか」と思った一人が、やっとのことでピストルを入手して龍馬に見せると、「もう武力で戦う時代ではない。これからは、これさ」といって『万国公法』という国際法規の本を取り出したという。が龍馬は連発のピストルで窮地を脱したことがある。寺田屋に踏み込んだ二十人余の捕吏を相手にピストルを射ったが、五発がはずれ、残る一発を三吉慎蔵の肩を台にして射って、やっと当たった。捕吏がひるむスキに虎口を脱した。

風呂に入っていたお龍が裸のまま襲撃を知らせたのは、このときのこと。

◆関ヶ原の怨みを晴らした毛利長州藩

「長州藩の所領を十万石に削り、藩主の隠居を命じる」

こう朝廷から勅許をえた幕府は、これで長州との妥協策をねらったが、開戦を覚悟する長州ははっきり返事をしない。

時間をかせいでいる間に、領内の防戦態勢をすっかり固めてしまった。

こうなれば幕府も開戦にふみきらざるをえないが、薩摩は出兵を拒否し、諸藩も長州討伐にはのり気でない。

そうこうしているうちに、幕府や諸藩が軍事用として買い集めた米が庶民の台所を直撃。将軍家茂が大坂城にいる一年間で、三倍以上も値上り。「米よこせ」の大騒動になった。

将軍のおヒザ元の江戸でも米価が暴騰、商店への打ちこわしが起こった。「貧窮組《ひんきゅうぐみ》」などと書いた菰《こも》の旗を押したてて、男女数百人が町内の物持ちの家をまわり、米や金を出さなければ「長州征伐」をもじってか、「金持征伐！」といって打ちこわしにかかることもあった。

一年前、将軍が江戸を出発したとき、それを真似した〝御進発ごっこ〟をしてフザけていた江戸っ子も、公方《くぼう》（将軍）さまの威光に首をかしげる始末。

「これでは幕府の威厳がなくなる」

とばかりに、ついに慶応二年六月に長州へ進攻を開始。

まず幕府軍艦が大島郡を砲撃。芸州口《げいしゅうぐち》（山陽道）、石州口《せきしゅうぐち》（山陰道）、小倉口《こくらぐち》（九州方面）からいっせいに攻めはじめた。

ところが芸州口を攻める幕府軍や紀州藩兵は逆に押しかえされて一進一退。石州口では大村益次郎★46の指揮で浜田城と幕府領の石見《いわみ》銀山が落ち、小倉口でも高杉晋作・山県有朋の奇兵隊が関門海峡をこえて小倉に進攻した。

小倉を守っていたのが、幕府の強硬派である老中小笠原長行《ながみち》である。小笠原の兵力は、熊本・久留米藩兵の助勢あわせて二万。対する高杉勢は一〇〇〇人ばかり。坂本龍馬も応援にかけつけた。

高杉ら長州軍は海を渡って攻撃するが、幕府艦の富士山丸は出撃して応戦しようとしない。これには熊本や久留米の藩兵が怒った。

「幕命で出兵したのに、幕艦が動かないのでは、われらも戦うことはない」

★46　大村益次郎は周防《すおう》の医者の子で、医学・洋学・兵学を学ぶ。宇和島藩・幕府・長州藩に仕え、第二次征長では卓越した軍事指揮で長州を勝利させ、のち上野彰義隊も潰滅。

と、兵を引き上げてしまった。そこを突いたのが長州軍。赤坂砲台から一気に小倉城を攻撃した。あわてて小笠原長行は長崎に逃げ、小倉城は落城した。

長州軍は、領内で戦うことなく、各所で幕府軍に圧勝した。が、それ以上進んで攻撃する力はなく、睨み合いの状態に入った。

長州の毛利氏は、関ヶ原の合戦のとき、豊臣方に味方したために、徳川幕府によって冷やメシを食わされた。

正月の秘儀に家臣が「今年は徳川を攻めましょう」というと殿さまは「いや、まだだ」というものがあったと伝わるほど、徳川幕府を怨んでいた。その怨みを二六六年ぶりに晴らしたのだ。

◆将軍の死による政治空白と慶喜の独り舞台

幕府軍の敗色が濃くなった七月二十日、大坂城で病気療養中の将軍家茂が死んだ。脚気《かっけ》による心臓衰弱死であった。

安政の政争で十三歳のときに江戸城に入り、二十一歳で死ぬまでの八年間、幕府のもっとも難しい時代を生きた将軍である。

はじめて御所に参内《さんだい》するとき、老中の板倉勝静《かつきよ》が「不測の事態のために、フトコロに剣を」と進言した。しかし家茂は「皇室に対して一点の怨みも、心配もしておらぬ」と、これを拒んだ。

これを聞いた勝海舟は、「将軍の誠意、まことに賛嘆すべき」と語っている。

家茂にとって孝明天皇は、妻和宮の兄である。義兄への親しみもある。天皇もまた家茂をやさしく迎えた。

家茂は江戸を出るとき、

「出陣すれば戦死、病没もないとはいえない。われに万一のことがあれば、田安《たやす》亀之助★47を立てよ」

と遺言していた。亀之助は、一橋家と共に御三卿の田安家の慶頼《よしのり》の子である。だが、このとき亀之助は、わずか四歳。これでは困難な政局はのりこえることはできない。結局、一橋慶喜が十五代将軍となるが、幕府滅亡ののち亀之助は徳川家十六代家達《いえさと》となって、徳川家だけを継ぐことになる。

家茂の死を知った勝海舟は、さすがに動揺した。大坂城に登城するが、城内はまったく悲しみに沈んでいる。老中以下の幕府要人たちも、言葉を失って、ただうなだれているばかりだ。

将軍が現職のまま出陣先で死んだのは、幕府はじまって以来のこと。しかも長州勢のまえに幕府軍は次々に敗北している。「将軍の死は徳川幕府の終わりか⁉」と実感させるものがあった。

将軍の死は、極秘にされた。内外におよぼす影響が、あまりにも大きかったからだ。死を隠して、後継の将軍をすみやかに立てねばならない。

家茂は「田安亀之助」を指名したが、あまりにも幼い。当然のことであるが、かつて将軍候補で、後見職についた慶喜しかいない。幕閣は慶喜を十五代将軍に推すことで一致。

★47　田安亀之助は、慶喜が隠居謹慎すると徳川宗家を相続。16代家達となり、新政府によって駿河（静岡）70万石に追放される。幕臣の多くは、これに従って苦しい生活をおくる。

板倉勝静を京にのぼらせた。ところが、慶喜は、これを拒絶。

「田安亀之助殿を将軍にせよ。わしはその後見職になる」

といって首をタテにしない。自分に対してつねに悪意にみちた幕閣といっしょにはやれない、というのが慶喜の本音である。が、イヤだとダダをこねて、自分の存在価値を高めたうえで、手を打つというのも慶喜である。

「将軍職にはつかないが、徳川宗家だけは相続しましょう」

と妥協した。が、これは妙な話である。徳川家をつぐことは、将軍になることである。それを慶喜は分離したのだ。

家茂の死後、一週間目に慶喜は、徳川宗家の相続者となった。もちろん将軍は空位のままである。

日本を代表する政治責任者が不在という異常な状態が、なんと四カ月間あまりもつづいた。孝明天皇も将軍の空位を心配するが、それでも首をふらない。

ねじまげ酒飲み——。

松平春嶽が慶喜につけたアダ名だ。もう一滴も飲めませんといいながら、注がれると飲む。しかも、ムリヤリにでもすすめないと、ハナを曲げるという酒癖のタイプのことだ。

いずれにせよ、「将軍家茂は病気のため執務できず、慶喜を名代にしたい」と、きわめてアイマイな表現で、慶喜の徳川宗家相続と、将軍名代がスタートした。

その直後、慶喜は、

「長州へ進軍する」

と号令した。将軍にはつかないが、すっかり将軍気分である。慶喜みずから出陣して長州の山口を占領するというのだ。しかも、

「わしの荷物はランドセル三個だけでよい」

と余裕をみせた。

もちろん孝明天皇も大いに喜び、御剣を与えた。ところが小倉城陥落を聞いた慶喜は、また突如として、出兵を延期。薩摩が出兵に強く反対したためである。

幕末維新の謎ファイル㉓

西洋にかぶれた十五代将軍・慶喜

攘夷を唱えながら、いつの間にか西洋かぶれしていたのが慶喜。

紅毛人《こうもうじん》の洋服を着て外国人に写真をとらせ、さらに征夷大将軍の衣冠姿でも写真をとらせた。

これには閣老の間でも問題になったが、写真好きは変わらず、慶応三年には横浜で写真館を開くイギリス人のビワードに、チョンマゲに洋装姿の写真をとらせている。

のち自分でもカメラをもって多くの写真を残す。

◆足をすくわれた勝海舟と最後の暴れん坊将軍

長州出兵を慶喜が号令したのが八月五日。中止したのが十四日である。これには孝明天皇も激怒し、京都守護職の松平容保も悲憤。幕府に好感をもっていた公卿たちも、サッと潮が引くように「幕府はもはや頼れない」と見切りをつけた。

その尻ぬぐいを命じられたのが、勝海舟だ。

「長州に行って、休戦をとりつけてこい」

と慶喜からじかに命令された。

このとき勝は軍艦奉行だったが、幕閣からも慶喜からも嫌われていた。薩摩や長州、土佐の門下生がいたために、怪しいと睨まれていたからだ。が、この難局をなんとかできる者は、勝以外にはいない。

勝は慶喜に、

「もはや徳川家だけで政治をやるのはムリで、天下の諸藩と合議のうえ政治を行なうべきです。長州もこの政治路線にのせるというなら交渉役を引きうけましょう」

と提言して、了解をとりつけた。

勝は単身、広島の厳島《いつくしま》で長州代表の広沢真臣《さねおみ》、井上聞多《もんた》（馨《かおる》）らと交渉。★48 幕府の政治を一新して、長州もこれに参加させることを条件に、撤兵する幕府軍を長州は追撃しないとの確約をとりつけた。

ここで休戦はようやく成立した。意気揚々として大坂に帰る勝であったが、待ちうけていたのは、慶喜の一方的な通告である。

慶喜は将軍家茂の死を公表したばかりか、一方的に休戦と撤兵を命じたものの、「諸藩合議」という政治改革を無視したのであった。

これには勝も長州も憤った。勝は辞表を叩きつけて江戸に戻り、長州も、

「やはり武力によって幕府を倒し、政治を一新するしかない」

と腹を固めたのである。

慶喜という人は、ひじょうに頭脳明晰で、思考力のある人であった。頭の回転のよさでは、初代将軍の徳川家康や五代吉宗よりも鋭いものがあった。

しかし慶喜のいちばんの弱点は、せっかく明敏な判断を下しても、それをすぐに変えてしまうことにあった。風の向きによって、その方向をかえる〝風見鶏《かざみどり》〟のような人である。

★48　勝海舟は一人の供も連れずに厳島に渡り、長州側と交渉。このとき死を覚悟して、毎日下着を着がえていた。勝のザックバランさに長州代表も心を開いて休戦が成立した。

しかも彼にとっての不幸は、政局の風をかぎわけて、それに応じてつねに変化することが、政治であり、決断というものだと思っていたことである。

慶応二年十二月五日、慶喜は征夷大将軍に任じられ、十五代将軍となった。ゴネきったうえでの将軍職である。

のちに慶喜は、

「天皇に政権を奉還する意思をもったのはこのころからで、私の役目は日本のために幕府を終わらせるのだと覚悟を決めていた」

と述懐している。

が、将軍になると慶喜は、むしろ幕府の権力強化に取りくんで、大政を奉還するなどという意思は、まったくなかったのである。

最後の将軍はもうひと暴れする。

五章

慶喜翻身・維新の舞台ウラ

〝ええじゃないか〟の狂乱は薩長の謀略か！

◆討幕派がニヤリとした孝明天皇の死の真相

徳川慶喜が十五代将軍となった二十日後の十二月二十五日、孝明天皇が急死。三十六歳であった。

あまりの突然の死に「天皇は暗殺されたのではないか」というウワサが流れた。数年後、イギリス公使館員のアーネスト・サトウは、「孝明天皇は毒殺された」と御所にいた人物から断言されたと書いている。

また大坂の商人の間でも、天皇の毒殺未遂は二年前の元治元年九月に二度起こっているから、今度も毒殺されたのだと語られていた。元治元年の九月といえば、長州による禁門の変後で、天皇が長州追討の勅令を幕府に下した時期である。長州に近い女官によって暗殺が行なわれようとしていたとしても、不思議ではない。

しかし、明治維新から太平洋戦争敗戦までの間、天皇の暗殺説を語ることはタブーであり、もっぱら疱瘡《とうそう》による病死と断定されてきたのである。

しかし、この時期の天皇は、やはり慶喜に将軍宣下して、幕府と一体となって長州勢力に立ち向かうという姿勢を強めていた。が、長州はすでに薩摩と同盟して、討幕の方針を固めている。大久保利通や木戸孝允などは、「玉《ぎょく》（天皇）が幕府に奪われたら、わが藩の滅亡だ」と考えていた。

このときの薩長同盟を公卿の中で、さらに進めたのが岩倉具視《いわくらともみ》★49である。岩倉も討幕にかたむき、朝廷を動かそうと画策していた。そのとき大きな障害となったのが、幕府を支持する孝明天皇である。

岩倉具視は、以前にも天皇の毒殺をはかったという評判が立っていた。和宮《かずのみや》を将軍家茂《いえもち》に降嫁させる問題で、それに反対した天皇を亡き者にしようとしたというのである。いま岩倉は一八〇度立場を変えて、討幕派になっているが、その障害となるのが孝明天皇。

岩倉の妹の堀川紀子は、孝明天皇に寵愛されて、一女をもうけている。この紀子が息のかかった女官に毒を盛らせたのではないか、と評判になったのも事実である。

が、ここまでは状況からの推論だ。そこで孝明天皇の病状から真相を追ってみよう。

十二月十一日、少し風邪気味であったが、翌十二日にはひどい発熱状態となる。十四日には疱瘡らしいと診断されるが、高熱がつづき、ウワ言を発して食事はうけつけない。十六日になると全身に疱瘡特有の発疹《ほっしん》があらわれたため、十七日には正式に「疱瘡」との発

★49　岩倉具視は貧しい公卿で、バクチのテラ銭で生活費を得た。孝明天皇の侍従となるが失脚、5年間の蟄居をおくる。許されるや討幕、王政復古の計画を実行、維新の主役となる。

表がなされた。

　その後の経過は順調で、二十三日になると病状はヤマをこえて回復に向かった。ところが二十四日の夜から、突然容体が悪化。痘瘡の症状とは明らかにちがう嘔吐《おうと》、下痢《げり》の激しい何らかの中毒症状らしきものが始まった。

　そして翌二十五日には、目や耳、鼻、口、尿道、肛門など体の九つの穴から出血するという異常を示し、苦悶のすえに同深夜に亡くなった。

　孫引きになるが、元東北大学名誉教授の石井孝氏は、

「天皇最後の病床にあった宮廷医師伊良子《いらこ》光順《みつおき》の曾孫光孝氏が、光順の手記の所在を名乗り出た。この手記は今日まだ公開されていないが、伊良子家で古文書の整理に従事した成沢邦正氏は『記録されているのは天皇の容体の急変と、尋常ではないお苦しみの様子だけですが、毒殺と疑っているような表現がありますね』と語っている。また伊良子光孝氏自身、医学者として、砒《ひ》素《そ》系毒物による急性中毒症状と診断している」（『百二十五代の天皇と皇后』）

　さらに石井氏はいう。

「いま医学書で急性砒素中毒の特徴（激しい嘔吐、下痢、消化器の激痛、粘膜からの出血）

をみると、断片的に伝えられる天皇の症状と合致している。これにたいして天皇の死因を疱瘡だとすると、疱瘡がほとんど全快した段階における容体の急変、異常な症状を説明することができないと思う」

宮廷医師の伊良子光順の手記を見ていないから断定することはできないものの、少なくとも天皇の死は異常であったことだけは確かである。

孝明天皇の死によって、政治力のない十五歳の新帝が立てられた。明治天皇である。ここに公武一体路線は大きく崩れた。討幕派の笑いがもれてくるような天皇の死であった。

幕末維新の謎ファイル㉔

天誅組の中山忠光と明治天皇の関係とは

明治天皇は、孝明帝と典侍《てんじ》の中山慶子《よしこ》との間で、嘉永五年（一八五二）に生まれた。母慶子の生家は、藤原北家花山院の流れをくむ名門の中山家。禄高二〇〇石の公卿であるが貧しく、「中山家の前では、物売りさえ黙って通る」といわれたほど。

ここで明治天皇は祖父中山忠能《ただやす》によって育てられる。「中山氏は卓然たる人物。文学なけれど頗《すこぶ》る才略あり」と橋本左内に評された人である。その気骨ぶりは子に受け継がれ、中山忠光は大和で挙兵した天誅組の主将に担がれた。挙兵が破れると忠光は長州に逃れるが、そこで暗殺される。二十歳という若さであった。

中山忠光の実姉が慶子で、明治天皇はオイにあたる。

◆家康より強敵と思われた将軍慶喜の実力

孝明天皇の死は、将軍となったばかりの慶喜にとって、大きな痛手となった。

将軍宣下をうけて、これを返上するまでの一年間、慶喜は幕府の体制の建て直しに必死にとりくんだ。

その姿は「沈もうとする船を、必死で水面に浮かばせようとする船長」のようなものである。慶喜は将軍として、それが自分の使命であると思った。その点で、おかれた立場こそちがえ、慶喜は徳川家康の生まれ変わりではないかと思われた。

長州の木戸孝允《たかよし》もその一人である。幕府体制の強化をすべく、将軍みずから軍制の改革と軍事力の増強を行なった。これを知った木戸は、

「慶喜をあなどってはイカン。軍事力の強化は、長州や薩摩の近代化より進んでいるぞ。家康の生まれ変わりが、慶喜かもしれん。早く幕府を倒さねば、こちらの息の根がとめられる」

と、悲鳴に近い警告をしている。長州と薩摩が慶喜と幕府を追いつめる手は、やはり開

港するか否かという、条約勅許を責めるしかない。こうなると外交政策はそっちのけで、それを材料にした政権闘争である。

「日本という国のメンツはつぶれてもよい。とにかく幕府を倒すには、どんな手段でもよい」

慶応三年三月、慶喜は兵庫港の開港を勅許するように奏請した。が、これは二度とも不許可となり、将軍の体面はつぶされた。

これに勢いづいた薩摩と長州は、さらに[★50]土佐の討幕派である板垣退助《いたがきたいすけ》らと「討幕」を密約する。

幕府を勅許問題でガケッぷちに追いつめる一方で、討幕勢力の結束をはかろうというのだ。こうした動きは、水面下で行なわれていたが、それはなんとなしに伝わってくる。

兵庫開港の勅許こそ、将軍の生命線だと感じた慶喜は、五月二十三日から二十四日にかけて徹夜の朝議にのぞみ、

「わたしは将軍だから、外交はまかせなさい」

と一晩中くり返して、とうとう勅許をとりつけたのである。「土俵ぎわに強い二枚腰」の将軍である。弁舌が得意な将軍は、慶喜以外にはいない。家康も八代吉宗も、この点で

★50　板垣退助は土佐藩士で、後藤象二郎と幼友達。中岡慎太郎の仲介で〝薩土同盟〟を結び、討幕を密約。戊辰戦争では会津攻略に戦功。のち政府を批判、自由民権論を唱える。

は脱帽である。

そんな慶喜に助け舟があった。土佐の後藤象二郎《ごとうしょうじろう》が、坂本龍馬の〝船中八策《せんちゅうはっさく》〟をうけて、

「幕府は政権を朝廷におかえしして、政令は朝廷から出す」

という大政奉還《たいせいほうかん》を山内容堂に説き、それが幕府に提示されたのである。

すでに慶喜も幕府要人も、なん度か政権を朝廷に返したほうがよいという局面を体験している。

「大政を奉還した上で、朝廷から改めて政権への担当者としてわたしが任命されればよい」

そう慶喜は思って、この案にとびついた。

◆松陰の妹・文子と結婚した久坂玄瑞も女好き

政治に目の色を変えて活動する幕末の男たち。とはいえ彼らも一人の男だ。政治に命をかける一方で、女性関係もはなばなしい。

日本で初めて新婚旅行とシャレこんだ坂本龍馬と、伏見寺田屋のお龍の相思相愛ぶりは、ことに有名だ。

長州の高杉晋作は妻の雅《まさ》がいたが、下関の芸妓《げいぎ》おうの（梅処尼）がいたほか、藩の金で長崎丸山の遊廓で遊びまくったほどの女好きであった。京都祇園《ぎおん》の小梨花《こりか》という芸妓にもほれこんでいる。

高杉と好対照で謹厳実直と思われたのが、久坂玄瑞《くさかげんずい》。久坂は師の吉田松陰の妹文子を妻として、学問にこりかたまった人物であったが、そんな彼も京都島原の芸妓辰路《たつじ》にのめりこんでいた。

同じ長州人で幕末から明治にかけて、一大ロマンスを咲かせたのが、桂小五郎（木戸孝允）と京都三本木の芸妓幾松《いくまつ》。指名手配となった桂は逃亡中に二人の女性ができたが、幾松はそれを押しのけて愛を実らせ、ついに妻の座を手にして松子と名のる。

薩摩の西郷隆盛も負けてはいない。妻を鹿児島において国事に奔走する西郷は、祇園でお末《すえ》、お虎《とら》の二人を愛した。だが、お末にふられた西郷はお虎に求愛、こっちはうまくいった。お虎は大きな女性で〝豚姫〟とアダ名された。

西郷は大女が好みだったようで、誰かれなく「お虎の体は最高でごわす」とノロケた。これが土佐の山内容堂の耳に入って、さんざんにからかわれたとか。

大久保利通も無口で実直そうだが、なかなかの女好き。祇園一力《いちりき》のお勇《ゆう》を囲い、七人の子をもうけたともいわれる。

討幕のシンボルとなった〝錦《にしき》の御旗〟は、岩倉具視の知恵袋の国学者玉松操《たままつみさお》の草案★51だが、その材料となる西陣織を買いに行ったのが、このお勇。「帯をつくりたい」という大久保にいわれて、大和錦と紅白の緞子《どんす》を大量に買った。

大久保はこれを長州の品川弥二郎に渡し、品川は長州に戻って作らせたのが〝錦の御旗〟で、これが鳥羽・伏見の戦いでひるがえったのである。

一方、新撰組の近藤勇もなかなかのもの。島原木津屋の深雪《みゆき》、金太夫《きんだゆう》、山緒《やまお》、駒野《こまの》、植《うえ》野《の》らの遊女と遊んだが、おめあては看板太夫《だゆう》といわれた深雪。深雪を囲ったものの、十八

★51　玉松操は京都生れの国学者。岩倉具視のブレーンで王政復古、大政官制、討幕の密勅に関与。純粋な尊攘派で、新政府の開国方針を約束違反と批判、新政府の招きを拒絶した。

歳の妹のお孝にも手をつけて、これが原因で別れた。手切金は二百両だったというから、この方面では近藤も大名なみであった。

　徳川慶喜はというと、正室の美賀子が京の公卿の娘であったためか京女を好まず、江戸から火消の新門辰五郎《しんもんたつごろう》の娘お芳（お咲ともいう）を連れてきた。一晩でも女がいないと眠れなかったという慶喜のこと、お芳は在京期の将軍にもっとも可愛がられたという。

幕末維新の謎ファイル㉕

将軍慶喜が最も信頼した新門辰五郎

　辰五郎は江戸の町火消十番を組の頭《かしら》で、浅草伝法院の新門の護衛をかねた。そのため〝新門辰五郎〟と呼ばれた。一橋家の要人黒川雅敬《まさたか》と親しく、その縁で娘を上京する慶喜に同行させた。

　慶喜は禁裏《きんり》守衛総督の立場上、御所周辺の火消の必要を感じ、辰五郎を京都に呼んだ。辰五郎は子分二五〇人を連れて上京。慶喜の手足となって働いた。娘が側室となったこともあって慶喜は「じじい」と親しく声をかけたという。

　慶喜が大坂城を脱出、江戸に戻ったとき、城中に将軍在陣の証である大金扇の馬印がわすれられていた。辰五郎はこの馬印を立てて、一気に東海道を下り、将軍に返した。

　また新政府軍が江戸を攻めたら「江戸を火の海にせよ」と勝海舟から密命されていたように、将軍や幕臣から信頼されていた侠客《きょうかく》である。

◆同じ日に出された大政奉還と討幕密勅のナゾ

「これまでの幕府政治を改めて、政権を朝廷にお返しする」

慶喜の声が二条城の大広間に響きわたった。十月十三日、京都に集まった四十藩の代表者は息をのんだ。前日、幕府役人に大政奉還《たいせいほうかん》は告げられていたので、さほどの動揺はなかった。しかし「家康公以来二百数十年の徳川幕府がなくなる」という衝撃は強い。しかも将軍みずからが、それを宣告したのである。

この決断を待っていたのが、この奉還論を立てた坂本龍馬である。

「将軍は決断しないのではないか。となると、薩長による討幕派と幕府の、国を二分する流血の戦争になる。これはなんとしても避けなければ……」

そう考える龍馬であったが、慶喜が大政を返したと知るや、体をよじりながら感涙し、

「これで戦争はおこらぬ。将軍のお心はいかばかりかと察するにあまりある。よく決断された。私は誓って、この将軍のために一命をささげん」

と感激の声をあげた。ところが、同じ十三日、明治天皇の祖父の中山忠能《ただやす》は、幼い天皇

に代わって書状に署名していた。その書状は、岩倉具視から大久保利通《としみち》を経て中山忠能に届けられたもの。そこには、薩摩藩主と長州藩主に対して、「賊臣慶喜を討て」と書かれている。これとは別に、京都守護職の松平容保《かたもり》と所司代の松平定敬《さだあき》も討てとある。将軍とその臣を討てということは、「幕府を討ち滅ぼすべし」ということを天皇が下したことになる。いわゆる〝討幕の密勅《みっちょく》〟である。★52 これが十三日から十四日にかけて下された。

ところが慶喜は十四日、大政奉還の上意を朝廷に提出。これを朝廷がこばめば、幕府政権を認めることになる。朝廷はこれを受理したが、大いに困った。政権はうけとったものの、それを動かす行政組織も人材もお金も、さらには軍隊さえない。

さらに困ったのは、薩摩と長州だ。「さあ、討幕が勅許されたぞ。われらは朝廷軍で、幕府は朝敵だ」と意気ごんだが、慶喜がサッと政権を返したので、振り上げたコブシをひそかに下ろすしかない。「藩兵を京都に向かわせるが、しばらく幕府の出方をみよう」

武力討幕の計画は変わらないが、その機会をうかがおうというのだ。

政権を返上した慶喜は、「将軍も辞退する」と申し出たが、朝廷は「しばらく慶喜に政務を委任する」という。ここにまったく政権主体のない空白の状態が生まれた。

そんな折、坂本龍馬が暗殺された。

★52　討幕の密勅は、岩倉具視によれば天皇の裁下を受けたとされるが、その原本には天皇の直筆もなく、中山忠能・三条実愛・中御門経之の花押《かおう》もない。そのため偽勅説が強い。

◆坂本龍馬を殺した真犯人と黒幕は誰か？

大政が奉還されたが、討幕の密勅も薩摩・長州に下されている。が、それは極秘である。ここに大政奉還へのさまざまな動きがみられる。

①奉還の推進派——幕府の一部と土佐の後藤象二郎ら。

②奉還反対派——幕府の一部と会津、見廻組、新撰組ら。

③武力討幕派——薩摩の大久保利通、長州の木戸孝允と公卿の岩倉具視ら。

大政奉還をウラでまとめたのが、坂本龍馬である。そのため②と③の派は、龍馬に対して強く反発し、怨みをもっていた。

十一月十五日夜、京都河原町四条の醤油商近江屋《おおみや》に潜伏していた龍馬は、たまたま訪問していた土佐陸援隊《りくえんたい》の中岡慎太郎と雑談中、数名の刺客に急襲された。

刺客は「十津川郷士《とつがわごうし》」の名刺を出して、龍馬に面会を求めた。取り次ぎの藤吉のあとを追って二階に上った刺客は、藤吉を斬りすてると、部屋に突入。

「こなくそ！」といいざま中岡慎太郎の後頭部を斬り、もう一人は龍馬の前頭を横にはらった。さらに三太刀《たち》をうけた龍馬は、「脳をやられた。もうイカン」と呻《うめ》きながら絶命した。慎太郎は二日間生きていたが、やはり刃傷が深く死んだ。

刺客は「こなくそ」という四国弁を使っていることから、土佐藩の者とも思われた。土佐でも大政奉還に反対して、討幕を叫ぶ者もいたからだ。が、犯人は龍馬を執拗に狙っていた新撰組だという説も流れた。

しかし結局、犯人は分からずじまいで明治を迎えた。ところが明治になって元見廻組の今井信郎《のぶお》が「じつは佐々木只三郎を頭《かしら》とする京都見廻組★53が龍馬と慎太郎を斬った」と告白。

今井信郎によれば、二階に踏みこんだのは渡辺篤《あつし》、高橋安次郎、桂隼之助《はやとのすけ》の三名。階段の登り口には佐々木が待機し、今井と、土肥仲蔵、桜井大三郎らがひかえていたという。

この今井の告白で、犯人は見廻組と断定されたが、だれが見廻組に龍馬の隠れ家を教えたのかという疑問が残る。龍馬は三日前に潜伏先を近江屋に移したばかりで、それを知る者は慎太郎と土佐藩に関係のある者たちである。

そのため土佐の大政奉還反対派や討幕派が、何者かを使って見廻組にもらしたとも考えられる。見廻組では、伏見の寺田屋で龍馬によって同心二人が討たれている。その仇討《あだうち》ということになるが、そうなると政治的意味が薄くなる。

★53 京都見廻組は京都守護職の松平容保の支配下で、治安維持と将軍警固にあたり、旗本を中心とする幕臣で編成。与《くみ》頭《がしら》4名、与頭勤方四名の下に400名の組士（のち500名）。

龍馬暗殺の政治性にポイントをおいてみると、いちばんあやしいのが薩摩である。すでに薩摩は討幕の密勅をうけていて、その機会をうかがっている。

そこでいちばんジャマになったのが、大政奉還論者の龍馬である。薩摩の大久保利通は、岩倉具視と武力討幕を決断していたものの、表向きは奉還を支持している。このとき彼らに接近していたのが、新撰組から分離して御陵衛士《ごりょうえいし》となった伊東甲子太郎《いとうかしたろう》★54である。伊東は大久保や中村半次郎（桐野利秋）に密接していた。

龍馬暗殺の三日後、伊東は新撰組の近藤らによって殺されるが、その前は近藤とも交友している。そのため薩摩→伊東→近藤→見廻組という線が考えられてくる。伊東などは、現場に落ちていた蝋色《ろういろ》の刀の鞘を見て、「これは新撰組のもっているものだ」と証言している。伊東は薩摩あるいは土佐から聞いた龍馬の居場所を近藤に話したことから、「新撰組がやったにちがいない」と考えたのであろう。だがしかし、今井信郎の告白を裏づけるものがなく、見廻組が犯人ではなかったとも考えられるのだ。

とすると、龍馬を殺したのは誰か？　それは龍馬の存在をいちばんうとましく思っていた人物である。大久保利通、西郷隆盛、岩倉具視、木戸孝允、それに後藤象二郎らが暗殺の黒幕に擬せられるが、その確証はいまだ立てられていない。

★54　新撰組に参加し、参謀職となった伊東甲子太郎は、長州と薩摩に接近して新撰組を脱退。御陵衛士（高台寺党）を拝命、討幕と近藤勇の暗殺を策すが、逆に暗殺される。

◆王政復古の号令は薩摩のクーデターだった

「将軍が政権を朝廷に返された⁉」

この知らせで江戸城中は、あまりの意外さに茫然。ようやく意味が分かってくると、まるで爆弾がおちたような騒ぎになった。

多くの幕臣や大名たちは、「自分たちの給料や領地はどうなるのだ」と、自分のことだけを心配してウロウロする仕末。

殺気立った幕臣たちは、

「兵をひきいて上京し、将軍を隠居させて幕府の権威を高めるか、薩長と決戦するかだ」

と、続々と上京を開始した。

一方、朝廷は、十万石以上の大名に京に来るよう命じたが、集まったのは薩摩・越前・尾張・芸州・彦根など、わずかに十六藩。あとは、「ヘタに動いたら、どんなトバッチリをうけるか分からない」と仮病をつかったり、老臣を出して、傍観する藩が圧倒的に多い。

そんな中、薩長両藩の出兵は順調である。薩摩の島津茂久《もちひさ》の入京には三〇〇〇の藩兵が従い、長州藩兵一二〇〇名が西宮に着陣。しかも後続の一三〇〇が尾道に進出。さらに芸州の浅野茂勲《しげこと》が三〇〇名を率いて京に入る。

いずれも「討幕の密勅」をうけての予定の行動だ。これに対して在京の幕府軍五〇〇〇名、これに会津三〇〇〇、桑名一五〇〇を合わせると、およそ一万の大軍である。しかも江戸から続々と出兵してきている。

一触即発か！　と緊迫した状況下の十二月九日、「王政復古」★55つまり天皇が政治を行なった、かつての天皇親政の思想に立って、これまでの体制を一新する、という号令が出された。

もちろん幕府体制は全面的に廃止。慶喜の将軍辞任も認められ、将軍職も廃止し、徳川家の領地も没収するというもの。しかも、〝御一新〟の新体制には、将軍慶喜の名がない。

総裁（総理大臣）は有栖川宮熾仁親王《ありすがわのみやたるひと》、議定（大臣）には山階宮《やましなのみや》、中山忠能、三条実愛《さねなる》らと尾張の徳川慶勝《よしかつ》、越前の松平春嶽《しゅんがく》、芸州の浅野茂勲《しげこと》、土佐の山内容堂《ようどう》、薩摩の島津忠義である。

このクーデターの主謀者の一人、岩倉具視は大原重徳《しげとみ》らと参与になっているが、彼が新体制の実質的な実権をにぎり、大久保利通と西郷隆盛、それに木戸孝允がそれを支えると

★55　王政復古の根本は、「諸事神武《じんむ》創業ノ始ニ原《もと》ヅキ」とあるように神武天皇が日本を治めた故事がベースで、国民を天皇に奉公させる天皇制の確立にあった。

いうもの。

この王政復古の新体制に目をむいて怒ったのが、土佐の山内容堂だ。

「天皇を元首として、諸藩主による公議政体をつくって、将軍をその責任者とする」

というプランで、慶喜に大政奉還させたのが、容堂である。ところが将軍職の廃止はよいとしても、その領地まで没収するというではないか。これでは話がちがうと、その夜に開かれた小御所会議で、容堂は慶喜のために大いに論陣をはった。

「酔侯《すいこう》」と自称するほど酒好きな容堂は、

「幼い天子（天皇）をいただいて、権力を盗もうとしている」

と失言して詫びる場面もあったが、慶喜のために奮闘して、議論は平行のままで、休憩に入った。このとき西郷が、

「なあに、短刀一本で片づくことでごわす」

と岩倉具視に伝えると、これで形勢は逆転。容堂を補佐する後藤象二郎が、「主君を殺されてはたまらない」と方向転換して、容堂を説き伏せた。

かくて再開された会議で、

「慶喜は官位を辞して、領地を朝廷に返すべし」

と命じる決定がなされた。〝辞官納地《じかんのうち》〟★56といわれるものである。

これには二条城に結集する幕府兵らが怒った。

「奸賊の薩摩を討つべし」

と激しく騒ぎだした。

すでに薩摩・芸州の兵が御所を警固し、これに長州兵も入京して加わっている。いま、これと戦ったら、〝朝敵〟となる。慶喜がもっとも恐れていることだ。慶喜は全軍を率いて、大坂に下る決心をした。

「大坂に向かうが、わたしには深い考えがある。必ず薩長らの罪を問う」

と、激する幕臣らをなだめた慶喜は、十二日夕方、城内に将兵をあつめて、酒樽をぬいて出陣の気勢をあげた。

大坂に向かって、都落ちするための出陣儀式である。会津の松平容保と桑名の松平定敬《さだあき》、老中の板倉勝静らが、慶喜に従って二条城の裏門から闇にまぎれて抜け出た。全軍が無灯火の行軍で大坂城に去っていった。

それはまさに天下分け目の関ヶ原合戦のとき、大垣城をすてて関ヶ原に後退する石田三《みつ》成《なり》と同じような姿であった。

★56　辞官納地は討幕派が慶喜に突きつけた最後の策で、将軍を辞した慶喜に対し内大臣を辞官し、徳川家の領地（400万石）の半分を朝廷に納地せよというもの。

◆〝ええじゃないか〟の狂乱は薩長の謀略作戦か？

伊勢神宮へ集団参拝する〝お蔭参り《かげまい》〟については前にふれたが、これを政治的に利用したのが、幕末に大流行した〝ええじゃないか〟である。

天保元年のお蔭参りから三十七年後の慶応三年（一八六七）秋、伊勢神宮の御札《おふだ》が突如、天空から降ってきた。

ちょうど政局は、煮えたぎっていた。将軍徳川慶喜が天皇に政権を返す大政奉還の方向に動いていたが、その返し方と政治体制のあり方について、激しい抗争がつづいていた。まかり間違えば、一触即発の状態であった。過熱する政治状況の中で、まず東海道筋で御札が降り、やがて東は江戸から会津、西は京都・大坂・神戸まで広がった。

この御札降りの奇跡には、こんな講釈がついていた。

「外国から日本人を守るために、天子（天皇）の皇祖《こうそ》となる天照大神《あまてらすおおみかみ》が現れた」

「今は神の世となり、遊び暮せる有難き世の中になった」

そのため民衆は大いに浮かれ、狂気乱舞した。

「ええじゃないか、ええじゃないか。

開門《おめこ》へ紙はれ、破れたらまたはれ。

ええじゃないか、ええじゃないか」

「開門」は女陰のことである。人々はこうした卑猥《ひわい》な歌をうたいながら、踊り狂った。投げやりな性的アナーキーさは、時代の先が見えない民衆★57の屈折したエネルギーの爆発である。

「何をやっても、ええじゃないか」と浮かれる民衆は、他人の家に勝手にあがりこんでは踊る。あがられた家でも、酒をふるまい、いっしょに踊る。

日ごろから嫌われている地主や金持ちの家では、家財道具を蹴ちらし「これをくれても、ええじゃないか」と勝手に持ち去る。踊りくたびれると、知らない家に横になり、目がさめると、また踊りだす。

こんなことが各地にみられた。御札降りにかこつけた集団的な無法行為には、役人も手がだせなかった。無秩序と無法状態が幕末に出現したのである。

それを巧みに操ったのが、どうも討幕の志士であったようだ。目撃談によると、浪人か、薩摩の武士らしい一団が通りすぎると、御札が降ってきて、「ええじゃないか」が始まっ

★57　幕末の激変する時代に翻弄され、不安におちいった民衆は救いを宗教に求めた。黒住宗忠の黒住教、中山みきの天理教、川手文治郎の金光教などが開宗される。

たという。とくに神戸や西宮では、三〇〇種類もの御札が降って、「ええじゃないか」に拍車をかけた。

これは明らかに討幕をくわだてる薩摩・長州の仕わざであった。それを見抜いたのが、幕臣の福地源一郎（桜痴《おうち》）である。彼は遣欧使節《けんおうしせつ》の通訳として、二度ヨーロッパに行ったことのある開明的な人物。

福地は十一月末に、江戸から兵庫に船で着いて、陸路で大坂に行こうとしたが、途中の西宮で、この「ええじゃないか」の集団乱舞にあった。一刻も早く大坂に着くべし、との命令をうけていたが、早駕籠の人足も乱舞に加わっている。役人を叱っても、「恐れいります」と、ただ頭をさげるだけで、動きがとれない。

仕方なく、その夜は西宮に泊り、翌日ようやく大坂に入ったが、そこでも御札がバラまかれて、「ええじゃないか」が大流行していた。

福地は伝聞としながらも、こう断言する。

「この御札降りは、京都方の人々が人心を騒擾《そうじょう》せしむるために施《ほどこ》したる計略なり」

この騒ぎは、討幕の密勅を手にした薩長方の謀略であったのである。事実、武力討幕を狙う長州兵が、西宮にいた。同じく薩摩兵も大坂や京都にいて、大坂に結集する幕府軍とは一触即発の状態にあった。兵力の少ない薩長方は、民衆の騒乱をひきおこすことで、それを隠れミノにして挙兵の機会をうかがっていた。

しかも駕籠かき人足のサボタージュもあったように、民衆を混乱させることで、幕府軍の結集と攻撃をかわそうとしたのである。

どさくさにまぎれて戦いを仕かける——。これが薩長の討幕軍のやり方であった。天皇という錦《にしき》の御旗さえ手に入れれば、あとは何をやってもよい、というやり方に福地源一郎は大いに怒った。

幕末維新の謎ファイル㉖

明治の言論弾圧一号の福地源一郎の反骨

福地源一郎（桜痴）は、天保十二年（一八四一）長崎の儒医の子に生まれ、ジョン（中浜）万次郎に英語を学ぶ。やがて幕府の御雇通辞《おやといつうじ》（通訳）として二度ヨーロッパに行った外国通である。

福地は朝廷や薩長に対して、強硬な主戦論者であった。姑息な策を用いて、討幕しようとする彼らが許せなかった。幕府が江戸城を開城すると『江湖新聞』を創刊し、薩長主導の新政府を攻撃。

「新政府といっても、政権が薩長に移ったにすぎない」

と、そのやり方を徹底して非難した。そのため新聞は発禁となり、彼は投獄される。福地は明治で最初に言論弾圧をうけることになる。

◆「江戸を混乱させて、幕府軍を怒らせよ」

「ええじゃないか」より、明らかに薩摩がやったのが「江戸を混乱させよ」という計画だ。これを指令したのが、西郷隆盛。

「江戸を騒乱状態にして幕府を怒らせる。幕府のほうから先に手を出せば、〝朝敵〟だ。わが方は官軍となって幕府を討てる」

この挑発計画で江戸に向かったのが、伊牟田尚平《いむたしょうへい》に益満《ますみつ》休之助、それにのちに赤報隊を率いる相楽総三《さがらそうぞう》である。相楽は忠実な尊攘派であったために、ニセ官軍の汚名をきせられて新政府軍に殺される人物。

彼らは江戸の薩摩藩邸を拠点にして、浪士や無頼の徒を多く集め、豪商の家に押し入っては金を強奪したり、辻斬りなどをくり返した。これには落合直亮《なおあき》や竹内啓《けい》、権田直助《ごんだなおすけ》など国学者が加わったというから、彼らの〝憂国の志士〟ぶりは強盗と変わらない。

こうした押しこみや辻斬りで、江戸市民はすっかりふるえ上がった。京橋や神田、芝などの盛り場は人通りが絶えたという。

「大風の夜、薩摩の浪士が市中に火を放って、江戸城を襲う」

というウワサが流れた。ちょうど、そのとき江戸城の二ノ丸から出火し、全焼した。

「薩摩の仕わざだ」

とイキリ立ったのが、勘定奉行の小栗忠順《おぐりただまさ》らである。

いっせい検挙を命じる一方、薩摩藩邸を砲撃、これを焼き払ってしまった。このとき逃げる浪士たちは、傘に火をつけ、それを民家の軒にさして退却したので、延焼が広がったという。しかも藩邸の焼け跡から多量の地雷の導火線が見つかった。

「江戸を混乱させよ」という西郷隆盛の密命は、はんぱなものではなかったのだ。

江戸騒乱と江戸城二ノ丸の炎上を知った大坂城の幕府軍は、

「薩摩を討つべし」

という怒りの声で満ちあふれた。大坂で政治的な巻き返しを考えていた慶喜も、これにはお手上げで、もはや「討薩」の主戦論をおさえることなどできない。西郷が計画した挑発に、すっかり乗せられてしまったのだ。

慶応四年正月一日「討薩の表」という薩摩が犯した罪状を書きつらねた書状を朝廷にさしだすことが決まった。

「王政復古の号令以来の事態は、すべて薩摩の奸臣の陰謀である。江戸などの騒乱も薩摩の謀略である。奸臣を引き渡すようご命令ください。万一、ご採用にならなければ薩摩を討つ」

というもの。この「討薩の表」を実行させるために、幕府軍一万五〇〇〇が京都に向けて出発したのが、二日の午前中。淀城を本営にして、伏見街道と鳥羽街道の二手から、京都に入ろうという作戦だ。★58

このとき、薩長軍と開戦になるかもしれぬという心構えがあったものの、この大軍をみてわずか五〇〇〇ほどの薩長軍は京を退却するのでは、という甘い見通しもあった。この甘さが幕府軍の命とりになる。

★58　鳥羽・伏見の開戦が早すぎたことが、幕府軍の敗戦になった。慶喜が〝辞官納地〟を決断すれば、薩長には武力討幕の口実はなかった。「幕軍動く」で喜んだのが薩長だった。

◆鳥羽・伏見の戦いで〝朝敵〟になった慶喜

正月三日午後、鳥羽街道を進む幕軍の桑名藩兵が、小枝橋で薩摩兵と接触。「京に入る」「いや通さぬ」と押し問答をつづけるが、「先手必勝だ。砲撃せよ」と命じたのが、薩摩の人斬り半次郎こと桐野利秋《きりのとしあき》だ。

この砲撃を聞いて、ただちに戦端を開いたのが、伏見に布陣していた長州兵。会津藩兵を主力とする幕軍は伏見奉行所に集結していたが、これに猛攻を加えた。

長州兵は外国勢と戦い、しかも征長軍とも戦って勝利した実戦経験をもっている。これに対して幕軍は実戦経験がない。加えて大砲や鉄砲の性能は薩長軍のほうが優る。

刀を抜き合う接戦では幕軍に強いものがあるが、もはやそれは時代遅れだ。鳥羽では幕軍は大損害を出して退却。夜になって再三反撃するか、いずれも撃退されてしまう。薩摩兵は進んで桑名兵のいた鳥羽村に入り、民家に火を放った。一方、伏見でも両軍の砲火で、伏見の市街は炎上し、夜空を赤く染めた。幕軍は淀まで退いた。

この砲声は大坂城まで聞こえたが、勝敗までは分からない。慶喜はまんじりともせず、その音を聞いていた。

「薩長に勝てば、政権が奪還できる。だが、もし敗けたら……」

慶喜にとって、いちばん恐れたのは〝朝敵〟になることである。この点では尊王主義の水戸学派の影響が骨のズイまでしみこんでいる。

朝敵にならないためには、この戦争に勝つしかない。とすれば慶喜みずから前線に立って指揮すべきである。が、慶喜はこれをしなかった。関ヶ原の合戦のとき、豊臣秀頼《ひでより》は大坂城から一歩も出なかったが、慶喜もまったく同じ道を選んだのだ。

その間、薩長軍の優勢を知った朝廷は、仁和寺宮嘉彰《よしあきら》親王を征討大将軍として、これに錦旗《きんき》―錦《にしき》の御旗をさずけ、京の入口にあたる東寺に大本営をおいた。ここに幕軍は賊軍となり、慶喜は〝朝敵〟となった。翌四日、幕府は反撃に転じたが、錦旗がひるがえるのを見て気落し、逆に薩長軍は勇気リンリンと淀に迫る。

この錦旗の威力は絶大であった。淀城で抵抗しようとする幕軍は、入城を拒絶された。さらに幕軍の一翼をになっていた津藩の藤堂氏が寝返って、幕軍に砲弾を撃ち込んでくる。

ここに至って幕軍の士気は一瞬にして衰え、六日には大坂めざして敗走した。これを迎えた大坂城内は、大混乱。が、会津兵の戦意はさかんである。

「陣容を立て直して、上様みずからが全軍を率いて出兵すれば、必ず勝てます」

「よし全軍、出陣！」

慶喜は号令した。が、そのすぐあと老中の板倉勝静《かつきよ》と大目付の永井尚志《なおゆき》が呼ばれた。

「すぐ江戸に帰る」

慶喜の口からもれた言葉に、二人は仰天した。将兵には出陣を命じながら、自分は江戸に帰るというのである。敵前逃亡★59である。これには板倉も永井も反対した。が、

「江戸に戻って、再起をはかる」

といわれれば、主戦論の二人も従わざるをえない。松平容保と松平定敬の兄弟も連れていくという。この二人を大坂城に残しておけば、会津・桑名兵は、籠城してでも薩長に抵抗するからである。事実、その後、松平容保は会津で激しく新政府軍と戦い、弟の松平定敬も北海道函館の五稜郭《ごりょうかく》まで行って戦っている。

ちなみに幕臣の榎本武揚が樹立した五稜郭の「蝦夷《えぞ》共和国」には、板倉勝静と永井尚志、それに九州小倉城から逃亡した小笠原長行《ながみち》の顔もあった。彼らは最後まで薩長軍と新政府に抵抗の気がまえを捨てなかったのである。

六日夜半、出陣の準備であわただしい大坂城の後門から、平服に着がえた数名の一団が

★59　大坂城を脱出した慶喜は、大坂湾に浮かぶ幕艦を探したが深夜のことで見つからず、アメリカ軍艦に乗りこみ、一夜を明かした。翌朝、船長不在の開陽丸で江戸に向かう。

あった。

城門兵に誰何《すいか》された慶喜は、

「お小姓《こしょう》の交代である」

といって城外に抜け出た。そして大坂湾にいる幕艦の開陽丸に乗りこんで、江戸へ逃げ去った。総大将が味方の将兵を見すてて敵前逃亡した例は、日本の合戦史でも珍しい。

夜が明けて、これを知った幕軍将兵は、茫然自失。

結局、なすすべもなく七日中に全兵が大坂城をはなれて四散したのであった。

幕軍の消滅は、軍事面での徳川幕府の完全な崩壊を決定づけた。

幕末維新の謎ファイル㉗

大坂城の地雷を瀬ぶみさせた薩長軍

味方の将兵を見すてた慶喜の行為は、きわめて冷酷なものがあったが、それ以上に人の命をムシケラのように扱ったのが、薩長兵であった。大坂城に乗りこんだ薩長兵は城内に入らない。地雷が仕かけられていることを知っていたからだ。そこで、

「城内には誰でも入れるぞ。こんなときでなければ見学できない」

と大坂市民にふれを出した。そこで物見高い者たちは城内にくりこみ、物品を強奪したが、それをとがめようともしない。そうこうしているうちに、地雷が破裂して多数の人が死んだ。

それを見た薩長兵は、入城を禁止し、奪った品物を返せと布告。結局、地雷の瀬ぶみのために大坂市民が利用されただけであった。

◆礼砲で幕府軍の敗北を知った勝海舟

「ドーン、ドーン」という礼砲が江戸品川沖に響きわたった。その礼砲の数をかぞえていた勝海舟は、

「これは最高司令官の上様（慶喜）に対する儀礼の空砲だ。何の前ぶれもなく江戸に戻られたということは、幕府軍が敗れた！」

とすぐに分かった。やがて勝のもとに慶喜から「浜御殿にまいれ」という使いである。これで勝は、幕府軍の敗北を確信した。勝は慶喜に信任されていないばかりか、今は役職を免ぜられて閉門の身だ。その勝に敗戦処理をさせようというのである。

「錦旗《きんき》が薩長に下された」慶喜は勝にいった。朝敵になることを恐れて、戦いをせずに江戸に戻った。だから、「あとをよく処理せよ」というのだ。勝が薩長の志士たちと親交があり、敬愛されていることに目をつけて、その交渉役をまかせたのだ。

薩長や朝廷も、勝と大久保忠寛《ただひろ》は仲介者になると一目おいていた。二人に宛てて、

「和宮《かずのみや》さまを京にお返しするよう取りはからってもらいたい」

という通達が届く。孝明天皇の妹の和宮（静寛院宮《せいかんいんのみや》）が江戸城にいては、江戸を攻撃できない、と考えたからだ。

慶喜もこのあたりのことを知っていたらしく、浜御殿から江戸城に入るなり、静寛院宮に天皇と朝廷に自分がいかに忠誠を尽くしたかを報告している。

慶喜が江戸城に入ったのは、将軍になってはじめてのこと。入城したとたんに、大奥の女性たちに根回しをしなければならなかったのだ。いかに慶喜が追いつめられていたかがうかがえる。

が、慶喜は京都の新政府に素直に従うという〝恭順《きょうじゅん》〟の意を示す一方で、武力闘争の路線もさぐっていた。

江戸城では、小栗忠順《ただまさ》や小野友五郎らの経済官僚が「フランスの援助で、断乎一戦を交えるべし」と主戦論を展開している。これには多くの幕臣もなびいていた。

一方、勝海舟や大久保忠寛は、「もはや幕府を守るよりも、日本の国をいかに守って、外国勢力の介入を防ぐか」の一点に立っていた。「幕府より国家」である。内戦はいたずらに国力を消耗し、外国の介入の口実になる。

勝と大久保は「恭順論」を展開。主戦か恭順かの騒然とした中にあって、慶喜はその中

★60　大久保忠寛（一翁）は、三河以来の旗本の家に生れる。外国奉行・大目付など幕臣のエリートコースを歩むが、早くから大政奉還を唱えて、勝海舟と国内争乱防止に努力する。

間で動揺している。しかし、
「天皇に政権をお返しした以上、朝敵の汚名をそそぐためにも、もはや恭順しかない」
と、ようやく決心がついた。慶喜は勝海舟を陸軍総裁に、大久保忠寛を会計総裁に任じ、小栗忠順らの主戦派を追放した。ここに徳川幕府の幕を引く内閣が生まれた。

幕末維新の謎ファイル㉘

徳川埋蔵金伝説を生んだ小栗忠順の死

強硬な主戦論者であった小栗上野介忠《おぐりこうずけのすけただ》順《まさ》は、外国奉行・軍艦奉行、四度の勘定奉行などを歴任した幕臣である。

小栗忠順は、
「薩長軍を箱根の山を越えさせたうえで、幕府艦隊が相模湾から砲撃する。その一方、軍艦を神戸に急行させて大坂・京を叩く」

という作戦を立てていた。のち大村益次郎は「この作戦が実行されていたら、われらの首はなかったろう」と述懐している。

その小栗は主戦論を撤回しないために、免職され、領地の上州（群馬）権田村に隠退した。ところが大砲二門と鉄砲二十挺をもっていたため新政府軍に抵抗すると誤解されて、斬首された。

一説では小栗は幕府の軍用金を持ち出したため、新政府軍に狙われたという。これが幕府再建の秘密資金とみなされ、〝徳川埋蔵金伝説〟となるのだが、小栗は公金を横領するような人物ではなかった。

◆「薩長幕府を討て！」戊辰戦争とその後の慶喜

江戸城に入って一カ月後の慶応四年（九月八日、明治と改元）二月十二日、慶喜は江戸城を出て上野寛永寺の大慈院《だいじいん》に入った。謹慎して罪を待つという姿勢を示したのだ。

この三日前の九日には、有栖川宮熾仁《ありすがわのみやたるひと》親王を東征大総督とする新政府軍が、江戸に向かって進発をはじめていた。

「もはや、これまで……」

慶喜はどんな処罰をうけようとも、それに従うという態度をとったのである。

ところで新政府は、一カ月前の一月二十日付けで、

「旧幕府が諸外国と結んだ条約を守る」

と駐日公使たちに通告していた。攘夷で幕府を苦しめつづけた長州や薩摩、さらには朝廷までが、政権を手にしたトタンに、一八〇度政策を転換したのだ。

「何のための攘夷だった。何のための討幕だったのか」

という怒りの声が起ったのは、当然のことである。

二月二十日、イギリス公使パークスが京都御所に参内する途中、刺客に襲われるという騒ぎがあった。尊王と攘夷に身をささげてきた人たちによって、これは許しがたいことであった。

この新政府の突然の変節は、攘夷志士たちに不信感をうえつけ、やがて反政府運動として高まっていくことになる。

そんな怒りは幕臣にも、幕府軍に参加した諸藩にもあった。「薩長が政権をとるために尊王攘夷を利用した」「討幕は薩長幕府をつくるためだったのか」。怒りはやがて「薩長と戦え」というカケ声になる。

一年五カ月にわたる〝戊辰《ぼしん》戦争〟のはじまりである。それを略記してみると――。

●三月六日。近藤勇が率いる甲陽鎮撫隊《こうようちんぶたい》が、甲州（山梨）勝沼で、土佐の板垣退助の迅衝隊《じんしょうたい》と戦って敗れる。近藤は敗走途中に捕って斬首。

●四月十一日。江戸城無血開城。この日、慶喜は上野の大慈院を出て、謹慎地の水戸に向かう。

●四月十六日。幕臣の大鳥圭介が新撰組の土方歳三らと宇都宮城を占拠。これに新政府軍が攻撃。大鳥軍は会津戦争、函館戦争へ転戦する。

●五月十五日。天野八郎らの彰義隊が上野に布陣。これに対し新政府軍の大村益次郎らが攻撃、一日で潰滅。

●五月十日〜七月下旬。越後（新潟）長岡藩の河井継之助《つぐのすけ》と会津・桑名の連合軍が激戦。長岡城をめぐる攻防をくり返すが、会津に敗走。河井継之助は銃創のため途中で死亡。

●七月二十九日。総督府参謀の世良修蔵を殺した仙台藩は、米沢・秋田・盛岡藩、さらに長岡、新発田藩らを加えた奥羽越三十一藩同盟を結成。この日、新政府軍によって二本松城は炎上、落城し、同盟が崩れる。

●八月二十三日〜九月二十四日。一カ月におよぶ壮絶な会津戦争がくり広げられた。戊辰戦争で最大の激戦で、多くの戦死者を出し、白虎隊が壮烈な自刃をした。

●八月〜九月。山形の庄内藩兵が雄物川付近で新政府軍に猛攻を展開するが、秋田方面へ追いやられる。

●明治二年四月九日〜五月十七日。蝦夷《えぞ》共和国★61を宣言した榎本武揚《たけあき》らは、函館の五稜郭《ごりょうかく》で新政府軍と戦い、函館戦争を展開。最後の抵抗を試みるが、五月十七日降伏。ここに戊辰戦争の幕がおりる。

この一年も前の七月に、徳川慶喜は水戸を出て駿府《すんぷ》（静岡）の宝台院で謹慎。徳川十六

★61　蝦夷共和国は、士官以上の選挙で役人を選出。総裁は榎本武揚、副総裁は松平太郎、陸軍奉行と並には大鳥圭介と土方歳三。この政府は英仏に認められたが、半年で崩壊。

代の家達《いえさと》が駿府七十万石に封じられていたからである。

翌明治二年九月二十八日、戊辰戦争の終結をみとどけたうえで、慶喜の謹慎は免除された。以来、歴史の表舞台に登場することはなかった。

明治三十一年（一八九八）三月二日、徳川慶喜は江戸城だった皇居に参内し、明治天皇に会う。これを仲介したのが、維新後の幕臣たちに対して何くれとなく世話をした勝海舟であった。勝海舟は最後まで徳川幕府と将軍に尽くした。

徳川慶喜は〝最後の将軍〟であったが、勝海舟は〝最後の幕臣〟であったといえよう。

六章

坂本龍馬を育てた勝海舟

西郷隆盛に倒幕を思い描かせた海舟!

◆世界を見つめた男たち

人には運命の出会いがある。

その人の生涯を決定づける出会いというものがある。

坂本龍馬★62の場合は、それは勝海舟であった。

国（統一国家）にも出会いがある。その国の進路を方向づける出会いがある。

長い鎖国政策の根幹を揺るがす欧米列強国の、植民地支配の野望をいだいた開国要求がそれである。それはちょうど今日の市場開放を求める〝外圧〟に似ている。いや、それ以上に日本という国のあり方を問う鋭い切《き》っ鋒《さき》が、喉もとに突きつけられたものであった。

龍馬と海舟の出会いは、まさに〝外圧〟と日本という国のあり方を問われていた異様なまでの熱気のなかで行なわれた。

熱気の正体は、もちろん外国人排撃の攘夷《じょうい》思想である。若い龍馬も、この熱気におかされた。

龍馬は、十九歳の嘉永六年（一八五三）春、剣術修行のために江戸に遊学する。その六

★62　坂本龍馬は土佐の豪商才谷屋から分かれた郷士の家に生れる。幼いときは泣き虫だったが、姉の乙女《おとめ》に育てられ剣を学んで頭角を現わし、江戸遊学へと旅立つ。

月三日、ペリーが浦賀に来航し、開港を要求する示威運動を行なった。いわゆる〈黒船〉の来航である。このとき龍馬は土佐藩の一員として黒船の警戒にあたった。

「異国船、処々に来り候由《そうろうよし》に候へば、軍《いくさ》も近き内《うち》と存じ奉《たてまつ》り候。其節《そのせつ》は異国の首を打取り、帰国仕《つかまつ》るべく候」

と外国人に対するストレートな攘夷感情をもっていた。外圧におびえた時代の熱気だ。ところが幕府は、外圧に押されて、消極的ながら開国の扉をあけた。以来、幕府は外圧をかわすために開国への道を模索し、攘夷感情を政治運動に転換する固陋《ころう》な憂国の志士たちと対立する。そこに将軍後嗣《こうし》をめぐる幕府内の派閥抗争と、尊王思想とがまじりあって激動の幕末期となるのだが、その原動力となったのは、やはり攘夷感情である。

龍馬もその例にもれなかった。ところが、遊学をおえて土佐に帰国した二十歳の龍馬は、高知で開明派として知られる河田小龍《かわだしょうりゅう》★63に会う。小龍は世界の情勢に関心をよせ、中浜（ジョン）万次郎のアメリカ漂流の体験を聞きとっていた。

龍馬の優れたところは、ひとつの思想や感情にかたまらない点である。理論を理論で補強すれば空理空論になる。理論の背景にある本質を現実的にとらえなければ、どんな立派な考えも砂上《さじょう》の楼閣《ろうかく》である。たとえ自分とはちがう意見や思想であっても、その背景にあ

★63　河田小龍は土佐藩おかかえの狩野派の絵師。中浜万次郎の取調べにあたり、世界地図やアメリカの政治・文明を知り『漂巽紀略《ひょうそんきりゃく》』を著わす。龍馬に航海通商策を教える。

る正体を見きわめようとする柔軟な思考があった。小龍への訪問がそうである。

小龍は攘夷などは日本の国力からして不可能だと説いた。開港せざるをえないが、さりとて国防は必要だ。この国防をいかに構えるか。そこに攘夷や開国の問題を一挙に克服しうるものがあるといって、その具体策を龍馬に教えた。

まず商業をおこし、金融を自在にすること。外国船を買い、航海術を学びながら、物資の運搬によって経済力をつけ、海を守る国防力もつける。それが外国に屈服しない道だ。

この小龍の言葉に、龍馬は手を打って喜んだ。

「もっと大きなところに目を向けねば、自分の本当の志《こころざし》を生かすことはできない」

現実の実利性から物事を見る。個人的な狭い実利追求ではなく、大局に立脚した実利である。龍馬はそれを海と船に見た。船舶を得ることで国力をつけ、かつ列強国の干渉を排除しうる海防力とする。

まことに小龍との出会いは、のちの亀山《かめやま》社中、海援《かいえん》隊の素地となるものであった。

だが、その構想が緒《ちょ》につくには、まだ八年先の勝海舟との出会いを待たねばならない。

海と船への思いをいだきながら、再度の江戸遊学、武市半平太（瑞山《ずいざん》）による土佐勤王党への加盟、長州・九州の志士の歴訪という偏狭な攘夷・尊皇運動の火中に身を投じていく。

◆日本を海から見た二人の先見力

文久二年（一八六二）三月、二十八歳の龍馬は脱藩して江戸に上った。安政の大獄を断行した井伊直弼《いいなおすけ》はすでに暗殺され、求心力を失った幕府は、攘夷実行を求める朝廷とそれを押す過激な尊王攘夷派の動きに翻弄されていた。

一方、薩摩や長州、土佐も尊攘派と佐幕派に二分し、脱藩浪士が相ついだ。土佐藩の吉田東洋《とうよう》が暗殺され、寺田屋事件が発生する直前、龍馬も脱藩した。江戸に出た龍馬は、かつて修業した北辰《ほくしん》一刀流の千葉定吉の道場に身をよせた。尊攘か佐幕かという二者択一の選択ではなく、それさえも包摂する新しい変革の道を自分なりに見つけるためである。

龍馬は幕府の政事総裁職にある福井藩主・松平慶永《まつだいらよしなが》（春嶽）に会い、勝海舟への紹介状をもらい、千葉定吉の子重太郎と共に勝邸を訪ねた。時に海舟は四十歳である。★64

海舟は禄高四十石の旗本という軽輩《けいはい》の家に生まれた。麟太郎義邦《よしくに》という。小普請組《こぶしんぐみ》で無役の旗本といえば、貧乏と相場が決まっている。だが海舟には、父小吉《こきち》ゆずりの負けん気の義侠心があった。剣術にもすぐれ、蘭学や兵学、それに禅道をきわめる体力と知力があ

★64　勝海舟の通称は麟太郎、名は義邦。父の小吉は開放的な人で『夢酔独言』を著わす。剣を男谷信友、島田虎之助に、蘭学を永井青崖に学ぶ。ペリー来航時に海防意見書を提出。

った。

海舟は〝不運を転じて幸運〟に、〝凶を変じて吉〟とする術を心得た人物である。つまり、もっとも不利な状況を逆転させて、有利なものとする技量をもっていた。幕臣という旧体制を代表する立場にいながら、それにとらわれることなく徳川家も日本も存立しうる道を考えていた。

この「逆転の技量」は、龍馬にも相通じるものがある。もっとも苦しい状況になったときに、もっとも有利な状況がつくれるのだと確信していた。薩長同盟の締結や大政奉還の秘策は、龍馬が窮迫したときに構想されたものである。二人はまさに似た者同士であった。

二人の「逆転の技量」を支えたものは、海をとおして世界から日本をとらえる視点である。つまり、狭い組織の構造や意識にとらわれず、大局から自由に旧弊《きゅうへい》した組織の欠陥と利点をとらえたということである。

海舟は大久保忠寛《おおくぼただひろ》（一翁）の推挙で蕃書《ばんしょ》調所に入り、さらに長崎の海軍伝習所で航海術などの伝習をうけた。

万延元年（一八六〇）十一月、攘夷か開国かと血腥《ちなま》ぐさい世情を横目に、咸臨《かんりん》丸を指揮してアメリカに向けて出航していた。

龍馬が訪ねたとき、★65 海舟は軍艦奉行並《なみ》の役職にいた。海舟はそのときの龍馬をこう語る。

「坂本龍馬。彼《あ》れは、おれを殺しに来た奴だが、なかなかの人物さ。その時おれは笑って受けたが、沈着《おちつ》いてな、なんとなく冒《おか》しがたい威権があって、よい男だったよ」

海舟は江戸っ子気質で、思ったことをズケズケいい、講談調に一人勝手に自慢するところがある。それが上役や同輩から嫌われたところだが、龍馬との初見談にもそれが感じられる。

龍馬は自分の考えと異なるからといって、その者を殺そうとする人物ではない。異論の背景となるものを、まず知ろうという好奇心のかたまりのような人である。その背景がまったく現実性のないものであれば、無視することはあっても、その存在を抹殺するという志向はない。

まず接してみて、受容しうるものは貪欲に吸収する。これが龍馬である。

とはいえ海舟は殺気を感じた。これは攘夷でかたまる千葉重太郎の殺気か、龍馬の海舟に言ったことばの、

「若《も》し公（海舟）の説、如何《いかん》に依《よ》りては、敢《あ》えて公を刺《さき》んと決したり」

という気迫がもたらしたものか。いずれにせよ龍馬は、ちょうど剣術修業のように開明

★65　龍馬に海舟を紹介したのが松平春嶽。春嶽は龍馬に海舟と横井小楠に会うように勧め、紹介状を書く。ただし「千葉道場の剣客ゆえ、用心するように」がそえられていた。

派の第一人者と目される海舟の胸をかりに行き、その胸元に飛び込んでいったのである。

それに対して海舟は堂々と応じた。まず世界の情勢を説き、日本の開国の必然性をうちあげ、さらに列強国の干渉と植民地化を阻止するために海軍の必要性をまくしたてた。

海舟の熱弁は、龍馬を圧倒した。

弁舌に圧倒されただけではない。世界の動向を見据えたうえで、日本の生き残る道を旧例や観念的な考えにとらわれずに、具体的に提示したのである。それは、かつて河田小龍による教示よりも、もっとスケールが大きく、かつ現実に即応した具体性をもったものであった。

海舟のいう〈海軍必要論〉は、たんなる心情的な攘夷憂国論を打ち破るものがあった。それは外国船を購入して海運業をおこし、それをベースに海防問題にとりくむという龍馬の潜在意識をいっきに甦《よみがえ》らせたのだ。龍馬はたちどころに海舟の説を受容した。

「今や公（海舟）の説を聴き、大《おお》いに余（龍馬）の固陋《ころう》を恥《は》づ。請《こ》ふ、是《これ》より公の門下生と為《な》らんと。爾来《じらい》、氏（龍馬）、意を海軍に致す、寧日《ねいじつ》なし」

とは海舟の述懐するところである。

二人の出会いは、近代日本の運命を決したといっても決して過言ではない。

二人の、世界を見据えた政治理念、すなわち開国・海防・富国政策、さらには議会の設置、人材の登用、不平等条約の解消などの政策は、ことごとく明治新政府が採用するものとなったからだ。

新政府の主体は、鎖国の継続と攘夷を唱《とな》え、天皇親政を錦《にしき》の旗に幕府を討滅するという権力闘争のみに関心をもっていた薩摩と長州である。

藩というきわめて狭い意識にこだわりつづけた薩長が政権を担ったとき、龍馬と海舟の開明的な政策を全面的に掲げざるをえなかったのは、近代日本という国のあり方をつねに考えた二人の先見性に脱帽したからにほかならない。

◆海舟の頭脳と龍馬の稚気

龍馬の飛翔《ひしょう》は、まさに海舟との出会いにはじまる。水をえた魚という形容では、スケールが小さい。世界という大海をえて、日本という国をその大海に浮かべ、根幹から操縦しようとする広い視野をもったといってよい。

「海と船による国際認識と、それをふまえた日本の改革」

これが海舟からえた龍馬の全財産である。海舟門下となった龍馬は、千葉重太郎はもちろんのこと、河田小龍門下で秀才のほまれ高い近藤長次郎を入門させた。

文久二年の暮、海舟の乗る幕艦「順動丸」に龍馬らは同行し、兵庫港に入る。そのとき龍馬は、のちの亀山社中や海援隊の中核となる土佐の同志を次々に海舟門下に引き入れた。甥にあたる高松太郎（のちの坂本直）をはじめ、千屋寅之介《ちやとらのすけ》、望月亀弥太《もちづきかめやた》、新宮馬之助《しんぐううまのすけ》、沢村惣之丞《さわむらそうのじょう》、安岡金馬《やすおかきんま》らである。のちに〝人斬り以蔵〟こと岡田以蔵《おかだいぞう》や、天誅組の指導者となる吉村虎（寅）太郎までが出入りしている。こだわりのない性格が人脈を広げたのだ。

これも龍馬の優れたところだ。

翌文久三年（一八六三）正月、「順動丸」は江戸に向かう途中、下田に寄港したが、そこで海舟は偶然、土佐藩主の山内容堂《ようどう》に会った。海舟は容堂に龍馬をはじめ土佐を脱藩した門下生の罪を赦《ゆる》すように訴えた。容堂は、「彼らのことは君に一任する」と承諾。藩命による航海術修行ということになった。そのころ、姉の乙女《おとめ》に宛てた龍馬の手紙がある。「扨《さて》もさても人間の一生は合点の行かぬは元《もと》よりの事、運の悪い者は風呂より出《い》でんとして睾丸《きんたま》を詰め割りて死ぬる者もあり。それに比べて私などは、運が強く、何ほど死ぬる場へ出ても死なれず、自分で死のうと思うても、また生きねばならん事になり。今にては日本第一の人物勝麟太郎という人の弟子になり」

龍馬独特の軽妙な人生観と海舟への熱烈な私淑《ししゅく》ぶりが書かれている。二カ月後、やはり乙女宛の手紙にも海舟への賛辞がみえる。

「このごろは天下無二の軍学者勝麟太郎という大先生の門人になり、ことの外《ほか》かわいがられて候《そうろう》て、まず客分のようなものになり申し候」

と始まり、神戸に海軍操練所をつくる計画が進んでおり、そこで船を造り、門弟を集め、そのうち蒸気船で土佐に行くこともあろう、とつづく。そして、

「達人の見る眼《まなこ》は恐ろしきものとや、徒然草《つれづれぐさ》にもこれあり。猶《なお》エヘン、エヘン。かしこ」

心から私淑する人物のもとで、海軍創設という国際社会に対抗するに不可欠な〝理想の実現〟にとりくむ龍馬の興奮と得意のさまが目に見えるようである。「エヘン」と姉に自慢する表現などは、稚気《ちき》愛すべきものがある。

物事や主義にこだわらない龍馬のこうした稚気が、海舟の命を救ったこともある。海舟は攘夷過激派から狙われていた。龍馬は、海舟が京にいるときの身辺警固に岡田以蔵《いぞう》★66をつけた。以蔵は攘夷過激派の武市瑞山の指令で、幾人の開明派を斬殺したかわからない人物だ。海舟の首に毒蛇をまきつけたようなものである。

ところが以蔵は、龍馬の屈託のない稚気を敬っており、任務を忠実にはたした。海舟が京の寺町で三人の刺客に襲われたとき、以蔵は一刀両断で一人を斬りすてて、海舟の危機を救った。あとで海舟が以蔵に、

「君は人を殺すことをたしなんではいけない。先日のような挙動《ふるまい》は改めたがよかろう」

と忠告したところ、

「先生、あのとき私がいなかったら、先生の首はすでに飛んでしまっていましたよ」

といわれ、一言もかえす言葉がなかった。

海舟とて直心影流《じきしんかげ》の島田虎之助から剣術の免許をうけた腕ききである。だが海舟は刀の

★66　岡田以蔵は土佐の郷士で、武市半平太（瑞山）の門人。武市の土佐勤王党に入り、その指示で天誅を行い〝人斬り以蔵〟の異名をとる。のち土佐藩に送られ勤王党の犯罪を告白。

鍔元《つばもと》をコヨリで縛って、すぐには抜けないようにしていた。たとえ斬りつけられても、自分からは斬らぬという覚悟で、気合で相手を圧倒し手取りにすることを心がけていた。生涯で一度も人を斬ったことはなかった。これは剣術で無敵といわれた長州の桂小五郎（木戸孝允）も同じだ。そして、龍馬も海舟と同じ姿勢であった。自分からすすんで刀を抜いたことは一度もない。

「刀という武器を用いず、頭脳と気迫で勝負する」。これが龍馬と海舟の基本姿勢である。

まず海舟の頭脳が回転した。攘夷決行のためには、御所のある京都を守らねばならぬ。そのためには京に近い大坂湾の警備を固める必要があると、将軍家茂《いえもち》に言上。家茂は海舟の先導で大坂湾を巡検し、その場で、「神戸海軍操練所」設置を直命《じきめい》として許可した。頭の固い幕閣たちを飛びこえて、操練所設置を認めさせることに成功したのだ。

その一方、攘夷過激派でかたまる朝廷にもはたらきかける。公卿のリーダーの一人である姉小路公知《あねのこうじきんとも》を船にのせて大坂から兵庫に案内し、海軍の必要性を熱弁した。そのため姉小路は攘夷一辺倒から開国へと気持が傾いた。のちに彼は攘夷派によって暗殺される。

その姉小路のもとへ龍馬は、海舟の使者として蒸気機関の図面やクリミア戦争の戦図、それに兵学の訳書を届けている。姉小路はこれをよろこび、天皇にお見せするといった。

それが効を奏したのか朝廷は海防の必要を認め、軍艦と巨砲の建造のために製鉄所の設立などを幕府に命じている。

将軍と朝廷の認可をうけて、神戸海軍操練所の設立はトントン拍子に進んだ。さらに海舟はもう一つの許可をえていた。操練所に海舟が主宰する「私塾」★67を併設することだ。

海舟の頭の切れは、ここにも見られる。万一、足腰が弱体化した幕府が神戸海軍操練所を閉鎖するようなことがあっても、海軍の設立と要員は日本にとって必要である。幕府の海軍ではない、日本の海軍だ、という考えが底流にある。そのための「海軍塾」であった。

しかも、この「海軍塾」には攘夷で過熱して、いたずらに命を落とす浪士たちの力を結集し、それを海軍力に用いようとする意図もあった。近視眼的な浪士たちの目を世界に転じさせようというのだ。海舟の遠謀である。

底意を決して明かさず、状況を巧みに操作しながら、いつしか人々の意識を大局的な見地に誘導する海舟のテクニックは、龍馬に大きな影響を与えた。のちの龍馬主導による薩長同盟や大政奉還のやり方などは、まさに海舟と同じ手法である。当事者の目先の問題を巧みに処理しながら、彼らの意識を「世界の中の日本をどうするか」といった大局に導いていったのがそれだ。

★67　神戸海軍操練所は1万7130坪で、黒龍丸、観光丸を所有。跡地には記念碑が立っている。海軍塾は操練所の北300mの所にあり、塾頭の龍馬を先頭に多くの塾生が操練所に通う。

◆株式会社の発想は龍馬から

さて「私塾」となると開設・運用資金がいる。海舟の日記には、

「龍馬を越前に遣《つかわ》す。……これは神戸へ土着命ぜられ、海軍教授の事につき、費用供《そなわ》らず、助力を乞《こ》わむ為《ため》なり」

とある。龍馬は福井藩主の松平春嶽《しゅんがく》に会って、五〇〇〇両の資金を借用するという海舟の内命をうけた。龍馬は越前に赴いて中根雪江《なかねゆきえ》、三岡八郎《みつおかはちろう》（由利公正）、それに同藩顧問の横井小楠《よこいしょうなん》らのあいだを奔走して、出資にこぎつけた。

五〇〇〇両の出資は、実際は借用するという形であったが、海舟と龍馬の構想としては、塾生が操船する船による交易で上がった利益を、出資金に応じて分配するという考えが基本にあった。それはまさに海運交易を定款《ていかん》とする「株式会社」の発想で、のちに亀山社中から海援隊の基礎をなすものであった。

ちなみに、龍馬が福井で出会った三岡八郎は、横井小楠門下で財政学をおさめ、龍馬も高く評価した人物である。慶応三年（一八六七）十一月、大政奉還がなされた直後、つま

り龍馬の死の直前、三岡八郎を新政府に招聘《しょうへい》すべく龍馬は福井を再訪している。三岡は龍馬の「船中八策」をふまえて「五箇条の御誓文《ごせいもん》」を草した人。

また横井小楠は、肥後熊本の藩士であったが、松平春嶽に招かれて福井藩の殖産交易を通じ藩政改革を指導した。彼の持論は、開国通商、殖産興業、富国強兵、さらには身分差をなくした国民会議の設置であった。海舟よりも、交易開国の急務と政治体制の改革を求めた急進開明派であった。この小楠の持論は、強く龍馬の心をとらえたにちがいない。

龍馬が福井に行っているあいだ、京都では姉小路公知《きんとも》が暗殺され、攘夷派の勢いは猖獗《しょうけつ》をきわめた。とくに長州藩の攘夷派は、三条実美《さんじょうさねとみ》を動かして天皇に攘夷親政を説き、ついに攘夷祈願のために大和《やまと》行幸《ぎょうこう》をとりつけた。これに対して会津と薩摩は、武力をもって朝廷から長州勢力を一掃した。八月十八日の政変である。

こうした政局の激変をよそに、龍馬と海舟は神戸海軍操練所の設立に東奔西走していた。十月になると龍馬は、塾頭を命ぜられ、海舟と共に江戸に向かった。そこで待ちうけていたのは、京の政変の余波である。江戸にある土佐藩吏から龍馬に帰国命令が出されていたのである。これに対して海舟は、

「坂本は幕府船の順動丸に乗り組み、塾頭も命じてある。軍艦にも乗り組ませねばならぬ

 こともある。いましばらく修業年期を延期願いたい。また土佐藩から航海術修業にきている者たちは、かねて容堂公からお預かりした者で、大いに勉学中である。当今の過激派には一切関知させないように注意するから、このまま海軍塾においてほしい」

と要請した。だが藩留守居役は、これを拒絶した。そこで龍馬は帰国を拒否し、ふたたび脱藩亡命者の烙印をおされることになった。また土佐藩の海舟門下生★68も帰国命令を拒絶し脱藩者となり、全員が海舟の家来として海軍航海術の修業をつづけることになった。いかに海舟が龍馬をはじめ土佐出身の塾生に期待をかけていたかがわかろうというもの。

すでに龍馬の頭の中には、藩などという狭い世界観などはない。形式的には海舟の家来となったが、もとより海舟にも旧来の主従関係など押しつける気はない。

二人の共通認識は、あくまでも海をとおした世界であり、世界の中の日本の近代化であった。

年が変わった元治元年（一八六四）二月、海舟は幕命によって外国連合艦隊の長州攻撃を調停するために長崎に赴いた。龍馬もこれに同行。調停は不調に終わったが、このとき龍馬は、海舟の命によって熊本に蟄居《ちっきょ》する横井小楠を訪問した。時局問題の意見の交換のためである。

★68　海軍塾には土佐人のほかに、熊本から横井小楠の親類の横井太平、薩摩ではのちに海軍大将となる伊東祐亨《すけあき》、鳥取から中井範五郎、和歌山では伊達小次郎らが入塾。

◆現代に通用する龍馬の姿

龍馬が熊本から大坂に戻ると、京の情勢はさらに混乱の極に達していた。そんなとき、待ちに待った神戸の海軍操練所が発足した。元治元年五月である。海舟は軍艦奉行などを命じられ、安房守《あわのかみ》と称するようになった。龍馬の活動の場がはじめて得られたのだ。龍馬は公募に応じて集まってきた修行生の先頭に立って活躍した。

その一方、龍馬は北海道の開拓も発案している。京坂地方の尊攘過激派を北海道に移住させ、同地の開拓と防衛にあたらせようとするものであった。国内の闘争で犬死にする志士たちの力を集めて、国土建設に尽力させようとするものであった。この計画は挫折したが、のちに屯田兵《とんでんへい》として新政府の施策に採用されることになる。

海を目ざす海舟と龍馬の計画は、順風満帆かと思われた。ところが操練所発足直後の六月五日、池田屋の変が突発した。京都における失地回復をねらう尊攘派の集会に新撰組が急襲したのだ。

この事件で海軍塾から脱走していた望月亀弥太が闘死。さらに北海道移住計画を龍馬から託されていた北添佶磨《きたぞえきつまろ》も殺された。これがキッカケとなって海軍操練所と海軍塾は、過激派の巣窟ではないかと幕府から睨まれて探索される。

事件はさらにつづく。池田屋の変の襲撃がさめぬ七月十八日、長州尊攘派による〝禁門《きんもん》の変〟が起こった。これを会津と薩摩が撃退し、いっきに長州討征の気運が高まった。一方、長州は四カ国連合艦隊によって下関を攻撃され、さらに長州藩追討の朝命と出陣命令が下された。

そんな激変の最中、海舟と龍馬は西郷隆盛と大坂で会う。二人は、西郷に会うことによって、国内紛争をおさえ、政体を再編成して外国の干渉を排除しようと考えた。

と同時に、すでに神戸海軍操練所や海軍塾は、尊攘過激派すなわち倒幕派の巣窟ではないかと幕府からにらまれていたため、万一閉鎖となった場合、薩摩に運営資金をたのむという意図もあったにちがいない。

海舟はこの会談で、幕府による統治能力はすでになく、幕藩体制の歴史的意義は終わったと説いた。軍艦奉行という幕府中枢にいる人物の現状認識に、薩摩藩中心主義の西郷も目を開かされた思いがした。

海舟は雄藩主の会盟による連合政権が、この難局をのりこえる当面の最上策であるとも説いた。ここで西郷ははじめて倒幕を思い描いたのである。

一方、龍馬と西郷の会見内容は不明であるが、おそらく海舟と同じようなものであったろう。

龍馬は西郷の印象をこう海舟に語っている。

「なるほど西郷という奴は、わからぬ奴だ。小さく叩けば小さく響き、大きく叩けば大きく響く。もし馬鹿なら大きな馬鹿で、利口なら大きな利口だろう」★69

龍馬は西郷の人物を見きわめるために、政局はもとより、海軍の必要性や殖産のすすめ、世界に伍《ご》する日本のあり方まで説いたにちがいない。その反応から得た人物評は、まさに正確なものであった。

いずれにせよ海舟と西郷、龍馬と西郷の出会いは、幕末期の日本の運命を左右する出来事であった。そして西郷自身にしても、二人に出会わなければ、薩摩藩という小さな枠組みにとらわれて、日本を見とおす視野を得なかったにちがいない。その意味では、三人の英傑の出会いこそが、幕末の混乱を収拾し、近代日本のあり方を考えうる唯一の人的パイプとなったといっても、決していいすぎではない。

海舟や龍馬が西郷に会って一カ月後、海舟は江戸に召還された。幕閣から倒幕派をそそ

★69　海舟が西郷に会う前、龍馬が京都で西郷に会っている。西郷の時局認識と人物を知るために海舟に命じられたのだ。「小さく叩けば」のコトバはそのときの印象である。

のかす危険人物とみなされ、軍艦奉行を罷免されて、自宅に蟄居《ちっきょ》の身となった。かくして神戸海軍操練所は、わずか半年で閉鎖されたのである。

海舟の失脚によって龍馬たち塾生は、路頭に迷うことになったばかりでなく、逮捕の危険にさらされることになった。だが龍馬は不遇にうちのめされることはない。絶体絶命の危機に立ったとき、それを打破する「逆転の技量」をのびのび発揮する。

龍馬以下の土佐脱藩者や他の浪士たちは、西郷の口ききで、薩摩の援助をうけて長崎に亀山社中を創立することになる。

龍馬が海舟のもとにいたのは二十八歳から三十歳までのわずか二年である。その間、龍馬は師の海舟の技能や発想を貪欲に学び、そして海舟を超えた。もはや海舟の傘の下をはなれても、立派に自立しうる力をつけていたのだ。

その力とは、つねに世界の中の日本のあり方を念頭において、日本の現状を現実に即応して改変させようとする前向きな姿勢である。この世界を見据えるダイナミズムと、現実に即応するデリケートな変革志向こそが、龍馬の魅力のすべてである。そんな龍馬を育てたのが、幕臣の勝海舟であった――。（武田鏡村監修『龍馬と十人の男たち』ＰＨＰ研究所刊より）

幕末維新の流れ

年号	西暦	事項
天保元年	一八三〇	水戸藩主・徳川斉昭は藤田東湖、会沢正志斎と藩政改革を行なう。この年、伊勢神宮へのお蔭参り大流行。
四年	一八三三	天保の大飢饉で全国に打ちこわし起こる。
五年	一八三四	水野忠邦、老中になる。
七年	一八三六	徳川斉昭、水戸藩領内に砲台を築く。
八年	一八三七	大坂で大塩平八郎の乱起こる。将軍家斉が隠居、家慶が十二代将軍へ。米船モリソン号が浦賀に来航。
九年	一八三八	徳川斉昭、内憂外患につき幕府に意見書を提出。
十年	一八三九	蛮社の獄、渡辺崋山ら弾圧。
十二年	一八四一	天保の改革はじまる。
十四年	一八四三	上地令失敗。水野忠邦、老中罷免。阿部正弘、老中に就任。
弘化元年	一八四四	江戸町奉行の鳥居耀蔵罷免。
二年	一八四五	オランダの開国勧告を幕府は拒否。海防掛を設置。
三年	一八四六	外国船の来航頻繁。孝明天皇が践祚、海防の勅を下す。

年号	西暦	事項
弘化四年	一八四七	徳川斉昭の子慶喜が一橋家を相続。孝明天皇即位。
嘉永元年	一八四八	外国船の出没頻繁。
二年	一八四九	イギリス船が江戸湾を測量。
嘉永三年	一八五〇	孝明天皇、攘夷を祈願。
四年	一八五一	中浜（ジョン）万次郎、帰国。佐久間象山、大砲を試射す。
五年	一八五二	オランダ商館長が来年アメリカ艦隊の来航を予告。
六年	一八五三	ペリー浦賀に来航。将軍家慶没、家定が十三代将軍になる。
安政元年	一八五四	ペリー再航、日米和親条約を結ぶ。次いで英・露らと条約締結。吉田松陰、密航に失敗し自首す。
二年	一八五五	長崎海軍伝習所が設立、勝海舟ら入所。安政大地震が発生。老中首座に堀田正睦。
三年	一八五六	米総領事ハリスが下田に着任。吉田松陰が松下村塾を開く。
四年	一八五七	老中阿部正弘没。一橋慶喜を将軍継嗣とする運動活発。ハリス、江戸城で将軍家定と会う。

年号	西暦	事項
安政五年	一八五八	井伊直弼、大老になる。日米通商条約締結。徳川斉昭ら不時登城。将軍継嗣に紀州の家茂が決定、十四代将軍になる。水戸藩に密勅下り、問題化する。安政の大獄はじまる。
六年	一八五九	公卿の大獄、水戸藩士や橋本左内、吉田松陰ら断罪。
万延元年	一八六〇	遣米使節団と咸臨丸がアメリカに行く。桜田門外の変で井伊直弼暗殺される。和宮降嫁勅許される。外国奉行堀利熙自殺。この年から外国人殺害頻発。
文久元年	一八六一	ロシア対馬を占領。遣欧使節団が出発。
二年	一八六二	坂下門外の変で安藤信正が負傷。島津久光、藩兵を率いて入京。寺田屋事件起こる。一橋慶喜が将軍後見職、松平慶永（春嶽）が政事総裁職に任命される。生麦事件が発生。
三年	一八六三	一橋慶喜らに続いて将軍家茂も京都に入る。攘夷実行を五月十日と決定。長州藩が攘夷決行。イギリスと薩摩が交戦。八・一八政変起こる。この年、新撰組が発足する。
元治元年	一八六四	将軍家茂が再上洛。幕府が鎖国に変更、参与会議解体する。勝海舟が坂本龍馬と神戸海軍操練所開設。池田屋事件、禁門の変起こる。長州、追討の勅書下る。四カ国艦隊、下関を攻撃。

年号	西暦	事項
慶応元年	一八六五	将軍家茂、三たび上洛。辞表用意の騒ぎ。長州再征の勅書下る。
二年	一八六六	薩長同盟が成立。家茂が没し、慶喜が十五代将軍となる。孝明天皇が急死、睦仁親王（明治天皇）が践祚。
三年	一八六七	薩摩と土佐が討幕の盟約結ぶ。大政奉還。討幕の密勅が下る。坂本龍馬・中岡慎太郎が暗殺される。王政復古の宣言。
明治元年	一八六八	鳥羽・伏見の戦いで幕府軍敗退。慶喜追討令が出る。江戸城開城。討幕軍入城。彰義隊、上野で戦う。北陸、東北各地で戊辰戦争はじまる。九月八日、明治と改元。明治天皇、江戸城に入り皇居とする。

〔主な参考文献〕

「徳川慶喜公伝」渋沢栄一。「徳川慶喜のすべて」小西四郎編。「徳川慶喜」松浦玲。「最後の将軍」司馬遼太郎。「氷川清話」勝海舟。「戊辰物語」東京日日新聞編。「日本の歴史19」小西四郎。「日本の歴史20」井上清。「福翁自伝」福沢諭吉。「幕臣列伝」「人物列伝幕末維新史」綱淵謙錠。「幕末ものしり読本」杉田幸三。「男たちの明治維新」奈良本辰也。「幕臣百話」篠田鑛造。「幕末維新人物事典」泉秀樹。「読める年表」小西四郎他監修。

この他「歴史と旅」「歴史読本」の幕末維新特集を参考にさせていただきました。感謝の意を表します。

※本書は『誰も知らなかった幕末維新の謎』（ＫＫロングセラーズ・平成十年刊）を改題改稿したものです。

幕末維新の謎がすべてわかる本

著　者　武　田　鏡　村
発行者　真　船　美　保　子
発行所　ＫＫロングセラーズ
〒169-0075　東京都新宿区高田馬場2-1-2
電　話　03-3204-5161(代)
http://www.kklong.co.jp

印刷　太陽印刷　　製本　難波製本

ISBN978-4-8454-0950-1

Printed In Japan 2015